曹洞宗総合研究センター
教化研修部門講師
中野東禅◎監修

日本人として心が豊かになる
仏事とおつとめ
曹洞宗

青志社

はじめに

仏教とは、自分をとりもどす心の旅

「親父ももう年だし、そろそろ葬儀のことも考えておかなければいけないな。うちの宗派は、たしか曹洞宗だった」

「私もこれまでの人生より、これからの人生のほうが短くなった。そんなことを思いながら行く末を考えていると、仏壇に手を合わせていた亡き父のことが頭をよぎった」

仏教を〝感じる〟のは、こんなときではないでしょうか。いずれにしても、仏教と死を結びつけて考えるのが一般的なのかもしれません。それもそのはず、ほとんどの方がお葬式や法事、それにお盆とお彼岸ぐらいしか仏教と接する機会がないのが現実です。

子供のころは毎朝、祖父母や両親に「仏さまに手を合わせなさい」といわれた方も多いことでしょう。いわれるままに仏壇に向かって手を合わせると、なぜかホッとして清々しい気持ちになったのではないでしょうか。

それが、高度成長時代を迎えて人口の流動が激しくなり、また核家族化が進むにつれて、そんな心を豊にしてくれる習慣が薄らいできました。

そもそも仏教とは「死者」のためにあるのではありません。幸せに生きるためにお釈迦さまが説いた「生きている者」への教えなのです。

お釈迦さまは「人生は苦である」といっています。苦とは単に〝つらい〟〝苦しい〟ということではありません。思いどおりにならない現実と、思いどおりにしたいという自分の欲求に板挟みになる苦しみです。そこでお釈迦さまは「現実を冷静に見ることで、自分の思いどおりにしたいという執着がなくなれば、やすらかな気持ちになれる」という真理に至ったのです。これがお釈迦さまの悟りです。

インドから中国、そして日本へ、お釈迦さまの教えをどうやって人々に伝えたらよいのか、高僧たちは考えました。だから、たくさんの宗派ができました。曹洞宗は、禅の教えをもとに道元が開いた宗派です。仏事作法はもちろん、その教えにもふれて、人生の指針として活かしていただければ幸いです。

目次

——日本人として心が豊かになる仏事とおつとめ　曹洞宗

第3章 曹洞宗の仏壇とおつとめ

第7章 曹洞宗の法事

第8章 曹洞宗のお墓

第9章 心が豊かになる禅の名言

第1章

10分でわかる曹洞宗

❶道元禅師が開いた曹洞宗
❷禅とは何か
❸曹洞宗の本山とゆかりのお寺

曹洞宗の宗祖は二人いる

曹洞宗《そうとうしゅう》の開祖は、道元《どうげん》禅師（以下、道元）です。道元は鎌倉時代に宋《そう》（中国）に渡り、禅宗の一派である中国曹洞宗を修めました。帰国後、その教えに独自の解釈を加えて布教したのが日本における曹洞宗のはじまりです。

しかし、道元は自身が開いた教団を曹洞宗とは呼びませんでした。

というのは、「お釈迦さまはいろいろなお経で教えを説いているが、それらはすべて仏教である。それなのに、一つのお経を選びとって一つの教えを学んだからといって、○○宗と名のるのはおかしい」という考え方だったのです。

曹洞宗と呼ばれるようになったのは、道元から四代目にあたる瑩山《けいざん》禅師（以下、瑩山）のころからです。瑩山は、下級武士や商人、農民などの大衆層を中心に布教し、全国規模の教団組織をつくりあげました。この瑩山の活躍が、一万五〇〇〇カ寺といわれる今日の大教団の礎を築きました。

こうした経緯から、道元は〝法統（宗旨）の祖〟、瑩山は〝寺統（教団）の祖〟と呼ばれます。そして曹洞宗では、この二人を宗祖とし、「両祖大師」と敬っています。

曹洞宗の本尊は釈迦牟尼仏

本尊とは信仰のよりどころとする仏さまのことです。曹洞宗の本尊は釈迦牟尼仏《しゃかむにぶつ》です。釈迦牟尼仏は、仏教の始祖であるお釈迦さまのこと。

お釈迦さまは、北インドの釈迦族のプリンスとして生まれ、何不自由なく贅沢三昧《ぜいたくざんまい》で暮らしていました。ところがあるとき、生きているものにはかならず生老病死《しょうろうびょうし》があることを目の当たりにし、「生きることの苦しみ」に悩むようになりました。そして悩みつづけた結果、選んだのが出家の道でした。

しかし、六年間もの壮絶な難行苦行《なんぎょうくぎょう》をつづけても悟りを開くことができません。

そこで思いついたのが、快楽にふける暮ら

しでもなく、難行苦行でもなく、両極端に偏りすぎないことでした。これを「中道《ちゅうどう》」の教えといいます。

そして、お釈迦さまは菩提樹《ぼだいじゅ》の下で静かに坐禅を組み、とうとう悟りを開いたのです。

というわけで曹洞宗では、始祖の開悟体験を重んじて坐禅の修行をとくに重要視し、釈迦牟尼仏を本尊としています。

しかし曹洞宗では、本尊は釈迦牟尼仏でなければならないというこだわりはないのです。

瑩山の活躍などによって曹洞宗が全国にひろまる過程で、他宗派から改宗して曹洞宗になったお寺がたくさんあります。そうしたお寺では、改宗前にまつられていたさまざまな仏さまをそのまま本尊としてまつっています。

仏は「如来《にょらい》」ともいいますが、「真如《しんにょ》（真理）の世界から迷えるすべての人々を救うために来てくださる方」という意味です。

お釈迦さまは、実在の人物から仏になったことで、誰でも仏に成れることを教えてくれた方として敬う存在なのです。

「只管打坐」――坐禅こそ仏の姿

坐禅を修行の基本とする宗派を「禅宗」といいますが、日本では栄西《えいさい》の開いた臨済宗《りんざいしゅう》とこの曹洞宗が有名です。どちらも同じ姿勢で坐禅を組みますが、坐禅に対する考え方や心構えは大きく違います。

臨済宗では坐禅を悟りを得るための修行ととらえ、師から与えられた課題（公案《こうあん》という）を思索しながら坐ります。

いっぽう、曹洞宗は坐禅に対して目的や意味を求めず、黙々と、ただひたすら坐ります。坐禅修行によって悟りを得るのではなく、坐っている寂静《じゃくじょう》そのものが「仏の涅槃《ねはん》＝悟りの確かめ」であると考えます。

道元はこれを「只管打坐《しかんたざ》」といいました。只＝ただひたすら、管＝集中する、打＝行なう、坐＝坐禅、「ただひたすら、集中して坐禅を行なう」という意味です。

曹洞宗の宗典は『修証義』

禅宗では、悟りの世界は言葉や文字でとらえることはできない（16頁参照）として、よりどころとするお経を持ちません。お経はあくまでも、悟りの世界をまちがって理解しないようにするための大切なテキストとして読まれます。

曹洞宗の宗典『修証義《しゅしょうぎ》』は檀信徒《だんしんと》への布教の手引き書として、道元の著書『正法眼蔵《しょうぼうげんぞう》』から抜粋して明治時代につくられたお経です。法事などでもっとも多く読まれています。

日常のおつとめでは『法華経《ほけきょう》』や『般若心《はんにゃしん》経《ぎょう》』などが読まれます。

『法華経』はお釈迦さまが永遠の仏であることを教え、それを信じる者は救われると説いた二八章からなる長いお経です。なお、『観《かん》音《のん》経《ぎょう》』も『法華経』の一章です。

有名な『般若心経』は、深遠なる〝空《くう》〟の境地（こだわりのない心）を説いたお経です。

わずか二六二字ととても短いお経で、読んでも書いても功徳《くどく》があるといわれ、昔から読経や写経が行なわれてきました。

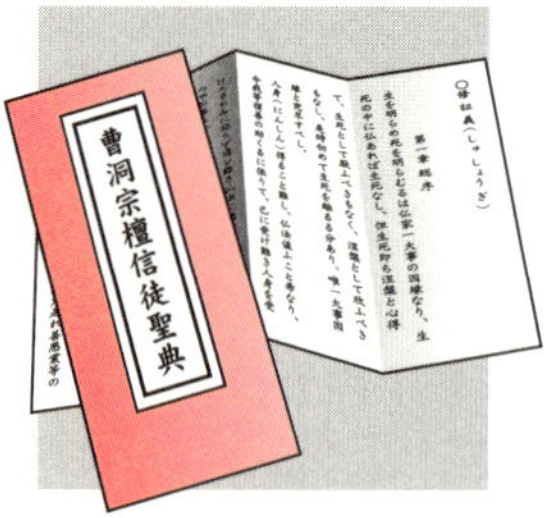

"だるまさん"は禅のスーパースター

それでは禅の歴史を簡単に振り返ってみましょう。

坐禅の瞑想《めいそう》によって悟りを得たお釈迦さまは、弟子たちに坐禅の実践をすすめました。そして坐禅は、お釈迦さまの教え（仏教）として脈々と受け継がれていきます。

仏教は発祥の地である北インドから、おおまかに二つのルートで伝わります。

ひとつは中央アジアからシルクロードを経て中国や日本に伝わる北伝ルート（大乗仏教）、もうひとつはスリランカから東南アジアへ伝わる南伝ルート（上座部仏教）です。

坐禅も両ルートに伝わりますが、大きく発展したのは北伝ルートにおいてです。

坐禅こそ最重要の修行であるとした禅宗のはじまりは中国です。お釈迦さまから数えて二八代目となる達磨《だるま》（中国禅宗の始祖）が六世紀前半に中国へ渡ってからです。

達磨は中国の嵩山少林寺《すうざんしょうりんじ》というお寺の石窟《せっくつ》で壁に向かって九年間坐禅をつづけました。その姿をモデルにしたのが、縁起ものとして親しまれている「だるま」です。

そのころの中国では理論としての仏教しか伝わっておらず、実践行である坐禅はとても

わかりやすく現実的なことから、中国の人々に広く受け入れられました。

中国禅宗は唐《とう》の終わりから宋の時代（八〜一一世紀）にかけて大きく発展し、達磨から数えて六代目の慧能《えのう》のころにはいくつかの流派に分かれて独自の修行方法が確立されました。日本に伝わった臨済宗と曹洞宗も、このころに成立しました。

禅とは、仏に成れると自覚すること

禅とは何か――達磨は以下のように表現しています。

◎**不立文字**《ふりゅうもんじ》……お釈迦さまの教えは言葉や文字で伝えきることはできない

◎**教外別伝**《きょうげべつでん》……師の心から弟子の心へ、直接の体験として伝わる

◎**直指人心**《じきしにんしん》……修行とは自己の心を深く見つめつくすことだ

◎**見性成仏**《けんしょうじょうぶつ》……そうして、自己が本来持っている仏性《ぶっしょう》に目覚めれば、それが〝仏に成る〟

ことであり、人間として完成されたということである

これは「達磨の四聖句」といわれ、現在も禅のスローガンとして知られています。

仏性とは「欲望も迷いも苦悩もない、心の絶対的なやすらぎ」のことで、それは人間が本来持つ、生まれたままの清浄な本性です。

つまり、人間は誰でも、生まれながらにして仏としての本性を持っているということです。

それは人間だけではありません。『涅槃経《ねはんきょう》』に「悉有仏性《しつうぶっしょう》」という言葉がありま す。生きとし生けるものには悉《ことごと》く、仏としての本性がそなわっているということです。

禅では、その仏性を日常を通して自覚することなのです。それは、〝ありのままの自然に気づく〟ということでもあります。

それが、真理に目覚めること――「悟り」なのです。

日常生活すべてが禅の修行

道元は、「修証一如《しゅしょういちにょ》」――修行と悟りは一体であるとして、全身全霊で坐禅に打ち込む

「只管打坐」（13頁参照）によって寂静を得ることを説きました。

またいっぽうで、禅修行は坐禅に限らないともいっています。

「威儀即仏法《いいぎそくぶっぽう》　作法是宗旨《さほうこれしゅうし》」――仕事、食事、睡眠、日常生活すべてが修行であり、これらに関しても、ただひたすら打ち込むことが、禅的な生活であるとしています。そのため、曹洞宗の禅を「生活禅」ともいいます。

道元は、修行僧の生活規則を『永平清規《えいへいしんぎ》』としてまとめています。現在も曹洞宗の修行道場では修行僧たちがこの規則にのっとって生活しています。

たとえば、食事の規則では、箸《はし》の上げ下ろしから、食べる順序、食器を洗う作法、食器のしまい方まで、日常生活では、睡眠、洗面の仕方、袈裟《けさ》の着用法まで詳細に決められています。

生活禅に由来する心づくしの精進料理

日常生活が修行である禅においては、料理をつくることも大切な修行です。

『永平清規』のなかには、「典座教訓《てんぞきょうくん》」という一編があります。ここで道元は、食事をつかさどる僧（典座という）の実務と心得、食事の重要性を説きました。

そのなかには、

◎**喜心《きしん》**＝心から喜んで調理すること
◎**老心《ろうしん》**＝自分を忘れて他に尽くすこと
◎**大心《だいしん》**＝偏りのない心で冷静に調理すること

◎**水一滴も仏のおん命なり**＝水や食材をムダにしないこと

などが述べられています。

精進料理は、鎌倉時代に禅宗の教えとともに宋から伝わりました。油で揚げたり炒《いた》めたりする調理法に、味噌《みそ》や醤油《しょうゆ》を使った味つけは、日本の食文化に革命をもたらしました。

それまでの日本の料理は、酢漬けや、生か茹《ゆ》でたものに塩や醤《ひしお》をつけて食べるような簡素なものでした。ですから、精進料理は大陸伝来のハイカラな料理でした。

ご存じのように、精進料理は菜食中心となります。野菜や豆、海草など限られた食材を工夫して調理することから、さまざまな加工食品や料理が生まれました。湯葉、麩《ふ》、こんにゃく、納豆、そして精進蒸し、白和《しらあ》え、共《とも》和《あ》え、伽羅煮《きゃらに》など、日本の食文化の基礎になっています。

日本文化と融合し、いまに伝わる禅文化

室町時代、宋の政情不安から中国禅宗の名僧が相次いで来日し、朝廷と幕府の両方の庇《ひ》護《ご》を受け、禅をひろめるとともに禅宗文化を伝えました。それらは武家社会にひろまり、日本の伝統文化と結びついて、奥深い独特の世界をつくりあげました。

茶道、華道、武道、書・水墨画、禅寺の建築様式、枯山水式庭園など……。日本文化には、さまざまな生活シーンで禅の精神がとりいれられています。

禅の精神は長い時間を経て民衆にもひろまり、現在の日本人の生活のなかに確実に息づいています。

〈茶道〉

お茶は栄西が宋から伝え、その種を分けてもらった京都栂尾高山寺《とがのおこうざんじ》の明恵《みょうえ》（華厳宗《けごんしゅう》の僧）が発芽に成功し、その苗木を宇治に植えたことから全国にひろまったとされています。

東山文化では、禅の精神により茶室で心のやすらぎを求める「侘茶《わびちゃ》」が生まれました。それが、千利休《せんのりきゅう》によって「茶道」として完成されたといわれます。

〈華道〉

仏前に花をそなえるのは仏教が発祥したイ

ンドの習慣に由来します。日本でも仏教伝来以前から神前に常緑樹の枝をそなえる習慣がありました。平安時代、仏前のお供えの基本として「三具足《みつぐそく》」が成立します。これは、本尊に向かって中央に香炉（線香立て）、左に華瓶《けびょう》（花立て）、右に燭台《しょくだい》（ろうそく立て）という配置です（50頁参照）。

その仏前の供花《くか（くげ）》が、鎌倉時代から室町時代には花を立てて美しさを競う「立花《りっか》」として上流階級のあいだで流行するようになります。それを「華道」として芸術にまで高めたのが池坊専慶《いけのぼうせんけい》や立阿弥《りゅうあみ》などです。

〈墨蹟・水墨画〉

修行を積んだ禅僧の筆蹟を「墨蹟《ぼくせき》」と呼びます。墨蹟や水墨画は茶室にかける書画として尊重されました。

水墨画は中国僧によって伝わりました。墨の濃淡と線の強弱だけで描く禅宗独自の絵画で、禅の悟りの世界をあらわしています。なかでも雪舟《せっしゅう》は、明《みん》（中国）に渡って画法を学び、日本の水墨山水画の画風を確立しました。

〈禅宗様建築・庭園〉

鎌倉時代に宋から伝わった禅宗様《ぜんしゅうよう》（唐様《からよう》）建築や庭園は、簡素ななかにも繊細な美しさがあり、清浄で無辺な禅の世界観をあらわしています。

お寺の主要な建物を「七堂伽藍《しちどうがらん》」といいます。禅宗様が伝わる前の七堂伽藍は金堂《こんどう》・塔・講堂・回廊・中門・経蔵・鐘楼でしたが、禅宗様では法堂《はっとう》・仏殿・山門・僧堂・浴司《よくす》（浴室）・庫院《くいん》（台所）・東司《とうす》（トイレ）としています。浴司や庫院、東司が入るところは、生活のすべてが修行であるとする禅宗ならではです。

代表的な禅宗様庭園は、室町時代後期の枯山水式庭園です。白砂や石だけで深山幽谷のありさまや大自然をつくり、仏教的宇宙観を表現しています。京都・龍安寺《りょうあんじ》（臨済宗）の石庭が有名です。

〈武道〉

禅と武道の関係は深く、武道をきわめる者の多くが禅寺の門をたたいています。

宮本武蔵《みやもとむさし》が雲巌禅寺《うんがんぜんじ》（熊本市）の境内にある洞窟《どうくつ》にこもって兵法の極意書『五輪書《ごりんのしょ》』を著したのは有名です。心のあり方が一瞬の勝敗を分ける武道だけに、心を澄ませるため禅の精神を求めたのでしょう。

●禅宗の七堂伽藍

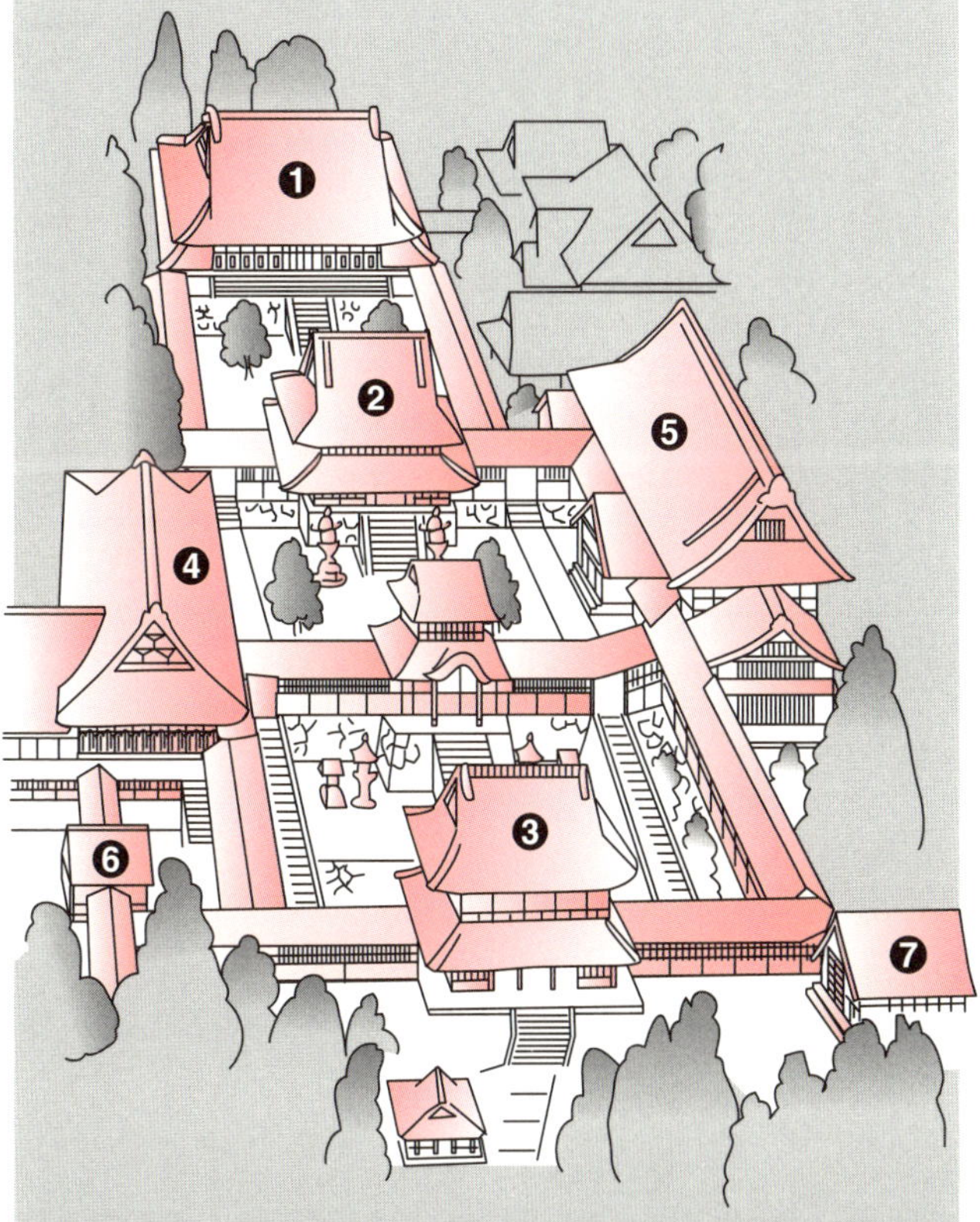

大本山永平寺の伽藍配置

❶法堂　❷仏殿　❸山門　❹僧堂
❺庫院　❻東司　❼浴司

二つの大本山
永平寺と總持寺

曹洞宗は宗祖が二人いることから大本山も二つあります。ひとつは道元が一二四四年に開いた永平寺《えいへいじ》（福井県永平寺町）、もうひとつは瑩山が一三二一年に開いた總持寺《そうじじ》（もとは石川県輪島市にあったが神奈川県横浜市に移転）です。曹洞宗は分派されておらず、この二つの大本山の下に約一万五〇〇〇カ寺が末寺として名を連ねています。

道元は中国での師如浄《にょじょう》の「深山幽谷に住み、一人でもよいから真の弟子を育てるように」という訓辞を守り、北陸の山深い地に修行道場をつくりました。それが永平寺です。

当初は大仏寺としましたが、開創二年後に改称しました。この「永平寺」という寺名は、中国に仏教が伝来した後漢時代の「永平」という元号に由来しています。

三三万平方メートルの寺地には、七堂伽藍（23頁参照）をはじめ、七〇以上の諸堂が立ち並びます。ここでは、現在も多くの修行僧が修行生活に明け暮れています。

總持寺は、瑩山が真言律宗の観音堂を寄進され、改宗して曹洞宗のお寺としたのがはじまりです。その地に長くありましたが、一八九八年の火災で伽藍を消失したため、一九一一年に現在地の横浜市鶴見区に移転しました。五〇万平方メートルにも及ぶ広大な寺地には、鉄筋製の大伽藍をはじめ、数多くの諸堂が並びます。墓所には石原裕次郎（俳優）をはじめ、芦田均（元首相）、前田山（元横綱）など各界の著名人が多く眠っています。

また、石川県輪島市の旧地にも「總持寺祖院」が再建されています。

ぜひ参詣したい曹洞宗のお寺

●興聖寺《こうしょうじ》（京都府宇治市）

道元が宋から帰国し、布教を開始したお寺です。もとは伏見区深草あたりにありましたが一度廃絶し、江戸時代に現在の場所に再興されました。紅葉の名所として知られ、宇治一二景のひとつに数えられています。

●永光寺《ようこうじ》（石川県羽咋《はくい》市）

一三一三年に瑩山が晩年の幽棲《ゆうせい》の地として開いたお寺です。山内の最奥には曹洞宗五祖の遺品を埋葬した五老峰があり、曹洞宗の法統を伝える霊場となっています。

●大乗寺《だいじょうじ》（石川県金沢市）

一二八九年に曹洞宗三代義介《ぎかい》が開いたお寺です。境内は禅宗様の七堂伽藍が配置され、仏殿は国の重要文化財に指定されています。

現在も修行道場として二十数名の修行僧が厳

しい修行生活を送っています。

●恐山菩提寺《おそれざんぼだいじ》（青森県むつ市）

日本三大霊場として知られる恐山は、恐山菩提寺という曹洞宗のお寺です。平安時代に慈覚《じかく》大師として知られる天台宗三代座主《ざす》円仁《えんにん》によって開かれ、一五三〇年に曹洞宗円通寺《えんつうじ》（むつ市）の管理下で改宗、再興されました。夏の大祭や秋詣《まい》りにはイタコの口寄せが行なわれ、参詣者でにぎわいます。

●とげぬき地蔵・高岩寺《こうがんじ》（東京都豊島区）

本尊は延命地蔵菩薩《えんめいじぞうぼさつ》。心のトゲを抜いて万病を治してくれる「とげぬき地蔵」として親しまれているお寺です。毎月四日、一四日、二四日が縁日で、境内と門前の商店街は多くの人でにぎわいます。

●修禅寺《しゅぜんじ》（静岡県伊豆市）

修善寺温泉の中心に建つお寺で、八〇七年に真言宗の開祖空海《くうかい》が開いたとされています。鎌倉時代に臨済宗となり、室町時代になって曹洞宗に改宗されました。源氏暗殺の舞台となったお寺としても知られています。

●豊川稲荷《とよかわいなり》・妙厳寺《みょうごんじ》（愛知県豊川市）

本尊は千手観音《せんじゅかんのん》ですが、豊川稲荷とは境内に鎮守としてまつられた吒枳尼天《だきにてん》のことです。徳川家康《とくがわいえやす》も関ヶ原の戦いの前に戦勝を祈ったと伝えられています。商売繁盛、福徳開運の神として知られ、初詣《はつもうで》や春秋の大祭には大勢の参詣者《さんけいしゃ》でにぎわいます。

第2章

曹洞宗の歴史

一三歳で出家し比叡山で修行

道元は、鎌倉幕府が成立してまもない一二〇〇年に京都で生まれました。父は内大臣《ない》の久我通親《こがみちちか》、母は摂政関白藤原基房《ふじわらもとふさ》の娘という貴族の名門です。しかし、三歳で父を、八歳で母を亡くしてしまいます。

そして道元は、一三歳のときに出家を決意して天台宗の総本山比叡山《ひえいざん》にのぼり、翌年、天台座主《ざす》公円《こうえん》のもとで得度します。

父の跡を継いで政治家としての将来を約束されていた道元でしたが、謀略が渦巻く政治世界への嫌悪が出家した理由と伝えられています。

比叡山は、『法華経《ほけきょう》』をもとにした天台教学、密教、禅、戒律を学ぶ国家仏教の最高学府でした。

しかし、道元が学んだころの比叡山は、名利権勢を求める僧たちばかりで堕落しきっていました。それでも懸命に修行に励んだ道元でしたが、大きな疑問にぶつかります。

仏教では「人間は生まれながらに仏性《ぶっしょう》（仏としての本性）がそなわっている」と教えているのに、なぜ人は仏に成《な》るために修行をしなければならないのか——この質問に答えてくれる僧は比叡山にはいませんでした。

●道元禅師の足跡

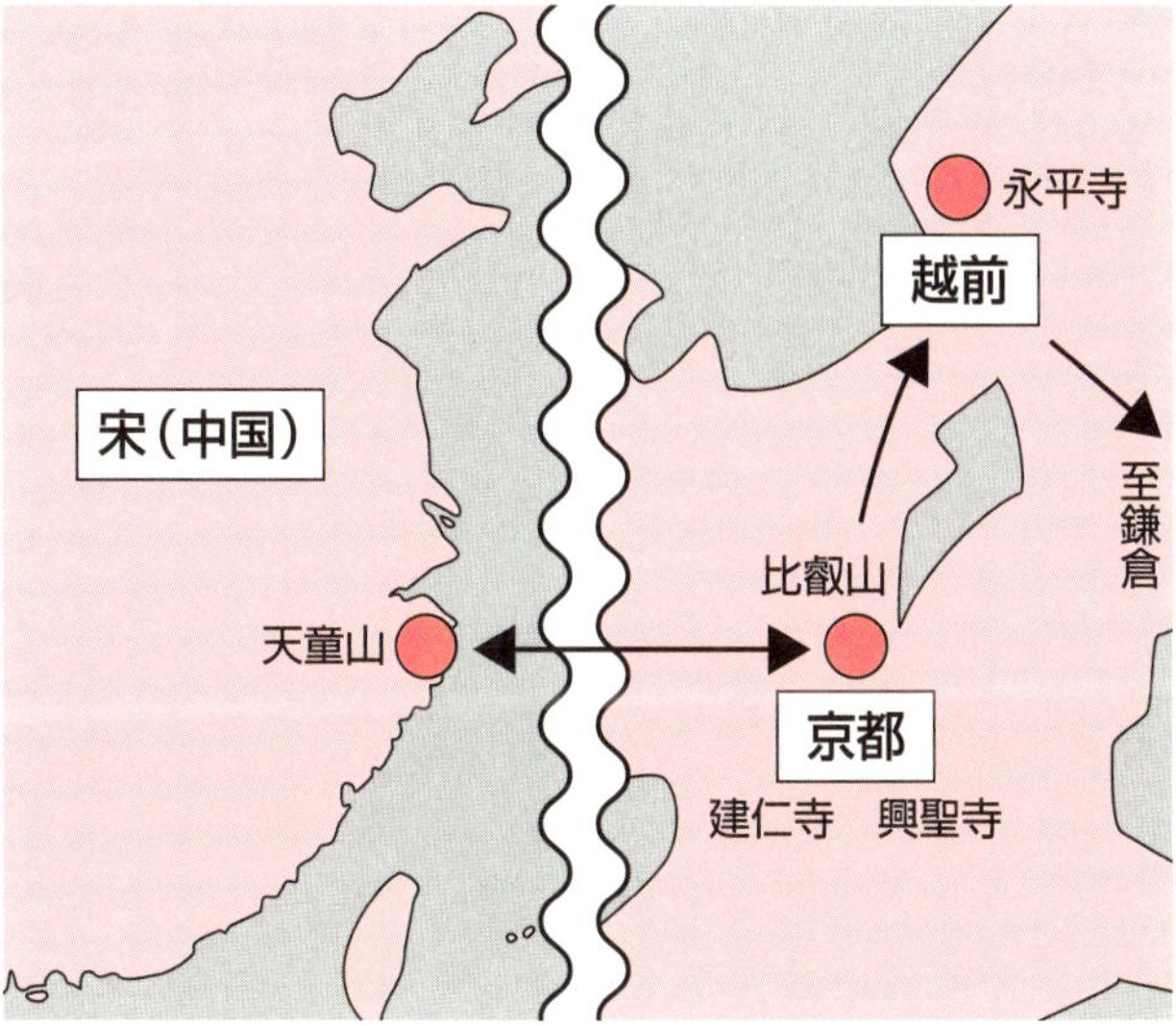

そこで道元は、疑問を解決してくれる正師《しょうし》を求めて、わずか二年で比叡山をおりました。

栄西の禅に出合い、宋に留学

比叡山をおりた道元は、正師を求めて各地をたずね歩き、建仁寺《けんにんじ》（京都市）の栄西《えいさい》にたどりつきます。

栄西は当時、宋《そう》（中国）で仏教の主流となっていた臨済禅《りんざいぜん》を学び、日本へ伝えた僧として知られていました。

建仁寺で新しい禅と出合った道元は、ここで学べば疑問を解決できるのではないかと思い、栄西の高弟明全《みょうぜん》について禅修行を九年間つづけました。

そして二四歳になった道元はさらに本格的に禅を学ぶため、明全とともに宋に渡ります。

宋でも正師を求めて、中国禅宗の修行道場として知られる天童山を皮切りに各地を放浪します。しかし、正師がなかなか見つからず、途方に暮れているときに、新しく天童山の住職となった如浄《にょじょう》の噂《うわさ》を耳にします。

如浄は中国曹洞宗の高僧で、名利権勢を避け、厳しい修行を旨としていました。道元は、如浄こそ、お釈迦さまの教えを正しく伝えてくれる正師であると確信するのです。そして、如浄のもとで修行を積みました。

如浄のもとで開悟し曹洞禅を受け継ぐ

道元が悟りを開くのは、如浄についてから二年後でした。坐禅の修行中に悟ったのです。すぐに如浄のもとに報告に向かった道元は悟りの境地を「身心脱落《しんじんだつらく》」と表現しました。「肉体も精神も、いっさいの煩悩《ぼんのう》から離れることができて、心に寂静《じゃくじょう》がおとずれた」ということです。

これは、道元の抱いていた「人間は生まれながらに仏性がそなわっているというのに、なぜ人は仏に成るために修行をしなければな

天童山の老典座の教え

道元が天童山《てんどうざん》で修行中のある夏の日、庭で老典座《ろうてんぞ》が椎茸《しいたけ》を干していました。炎天下にもかかわらず、汗をぬぐおうともせずに黙々と作業をしています。

それを見た道元は、「あなたのお年では大変な作業ですから、若い僧に手伝わせたらどうですか」と進言しました。

するとその老典座は、「他《た》は是吾《これわれ》にあらず」と答えました。つまり、「これは私の修行です。他人にやってもらったら私の修行にならないではないですか」というわけです。

それを聞いた道元は、読経や坐禅だけではない日常のすべてが修行であると知ったのでした。

らないのか」という疑問の解決にもつながりました。

「人間は仏性があるからこそ、坐禅修行ができるのだ」と道元は気づいたのです。

仏に成ろうとして行なえば、坐禅修行は手段になってしまいます。そうではなく、命の根元は寂静です。お釈迦さまはそれを確認したのです。坐禅修行を行なうことはお釈迦さまの寂静涅槃《ねはん》を体現することなのです。

道元は、悟りのあとも如浄のもとで修行を二年つづけ、如浄から嗣書《ししょ》（悟りの証明書）を授けられます。そして四年間の充実した留学を終えて二八歳で帰国します。

そのとき如浄は、「権力に近づいてはなら

ない。深山幽谷に住み、たった一人でもよいから〝正法《しょうぼう》〟を受け継ぐ本当の弟子を育てなさい」という訓辞を道元に与えました。

正法というのは、お釈迦さま以来、正しく伝えられてきた教えを意味しています。

帰国した道元は建仁寺にもどります。しかし、当時の建仁寺は禅だけではなく、天台教学や密教も学ぶ兼修のお寺でした。

それでも道元は禅の専修を掲げます。

そのときに執筆した『普勧坐禅儀《ふかんざぜんぎ》』は、禅の独立宣言書であり、まさに日本における曹洞宗の開宗宣言となりました。

民衆は、道元の「専修禅こそ救われる道である」という教えに感銘し、禅ブームが巻き起こりました。

京都を離れ、奇しくも深山幽谷へ

しかし、これを面白く思わないのが比叡山です。道元の専修禅はけしからんと、圧力をかけてきました。

建仁寺を離れた道元は、京都のはずれの深《ふか》草《くさ》（現在の伏見区あたり）に身を寄せますが、そこにも人々が教えを聞きにやってきました。帰国から六年後の一二三三年、深草に興聖寺《こうしょうじ》（25頁参照）を建てました。ここが初の禅専門道場となります。

また道元は、この地でライフワークとなる『正法眼蔵《しょうぼうげんぞう》』の執筆をはじめました。

一〇年が経ち、活況を呈する深草の地にも、ふたたび比叡山の圧力がかかります。そこで道元は、有力信徒である越前《えちぜん》の地頭波多野義《はたのよし》重《しげ》のすすめもあり、京都を離れる決意をします。このとき道元は四四歳になっていました。

越前の山中にある波多野氏の領地を寄進され、そこにお寺を建てました。そして二年後の一二四六年に改称して「永平寺《えいへいじ》」としました。これが現在の福井県永平寺町にある大本山です。

出家在家を問わず一人でも多くの悩める人々を救うために京都で布教していた道元ですが、奇《く》しくも師如浄の訓辞を受けるかたちで深山幽谷に住み、本当の弟子を育てるための厳格な道場をつくることになったのです。

女人成仏を説いた道元禅師

道元は京都深草で、老若男女の区別なく民衆へ布教しました。そのため、女性の信者も大勢いました。というのは、当時の既成仏教では女性はどんなに修行しても成仏できないと差別されていたのです。

道元は、男女は平等であると説き、主著の『正法眼蔵』でも女性成仏論を述べています。

晩年は弟子の育成と著述活動に専念

山深い永平寺で、自らの修行と弟子の育成、そして精力的な著述活動を行なっていた道元ですが、一時期、鎌倉で布教活動を行ないました。それは執権北条時頼《ほうじょうときより》のたっての依頼でしたが、武士への布教に限界を感じて、鎌倉での寺地寄進の申し出も断って、わずか七カ月で永平寺にもどりました。

その後も、厳しい修行生活を送った道元ですが、その修行がこたえてか体調を崩し、病と闘うことになります。

死期を悟った道元は、高弟の懐奘《えじょう》に永平寺を託し、京都で療養することにしました。しかしその甲斐なく一二五三年、五四歳でその生涯を閉じました。

●道元禅師の著書

普勧坐禅儀《ふかんざぜんぎ》	曹洞宗の開宗宣言の書
正法眼蔵《しょうぼうげんぞう》	仏法の真髄をまとめた書95巻
宝慶記《ほうきょうき》	師如浄《にょじょう》と道元の問答録
学道用心集《がくどうようじんしゅう》	修行の心得を示した書
永平清規《えいへいしんぎ》	修行僧の生活規則をまとめた書

生涯を道元に捧げた孝順の人、懐奘

道元亡きあとの永平寺を継いだのは、道元に二〇年間仕えてきた懐奘《えじょう》です。「道元の行くところ常に懐奘あり」といわれるほど行動をともにしていたと伝えられます。

懐奘は一一九八年生まれですから道元より二歳年上になります。比叡山に学び、二六歳のときに日本達磨《だるま》宗の二祖覚晏《かくあん》に参じました。日本達磨宗とは、平安時代末期に能忍《のうにん》が独学で開いた禅宗の一派です。

道元との出会いは、懐奘が三一歳のことです。『普勧坐禅儀』を著して曹洞禅の独立宣言をした道元を建仁寺にたずねました。ここで懐奘は同じ禅僧として法戦を挑みますが、道元の教えに打たれ、道元に弟子入りすることにしました。しかし、懐奘は日本達磨宗の所属ですから、道元はその場での弟子入りを認めませんでした。

懐奘が師覚晏の死をみとって、正式に道元の弟子となったのはそれから六年後でした。そして道元のもとで悟りを開いたのは入門二年後の三九歳のことでした。その後、日本達磨宗から多くの僧たちが道元の門下に入りました。

懐奘は、かたときも道元のそばを離れるこ

●曹洞宗の法統

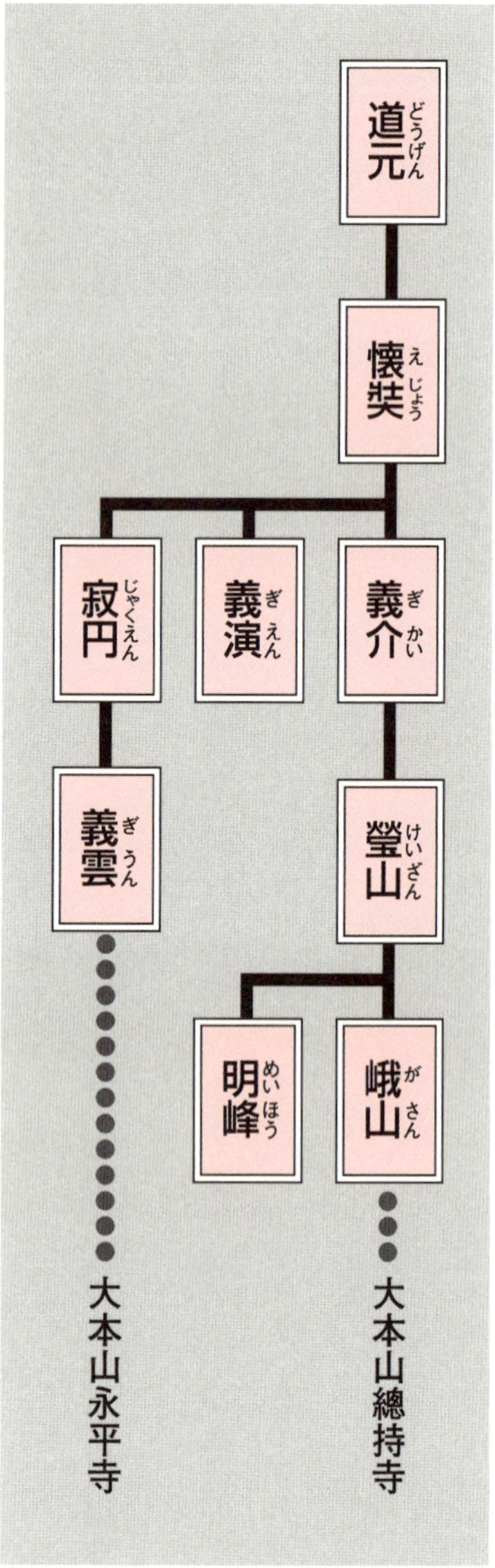

となく仕えました。道元が二〇年間にわたって書き上げた九五巻の大著『正法眼蔵』の大半は、懐奘の書写・編纂《へんさん》によるものだといわれています。道元没後も、師の教えを後世に伝えるため師の著書の整理や校訂に尽力しました。

自身の著書としては、京都深草時代の道元の日常の言葉をまとめた『正法眼蔵随聞《ずいもん》記《き》』があり、当時の道元を知る貴重な資料となっています。

永平寺住職をめぐり三代相論が起こる

永平寺二代として弟子の指導にあたっていた懐奘は、一二六七年にその法統を弟子の義介に譲り、隠居します。

義介は懐奘の命により国内および宋の五山《ござん》十刹《じっさつ》を視察し、五年前に永平寺にもどっていました。そして住職となった義介は儀礼制度や伽藍を整えたり、布教の大衆化を図るなど積極的に教団の改革を進めました。

しかし、これに反発する保守派との対立が起こります。保守派の旗頭は義演《ぎえん》です。結局、保守派が押し切り、一二七二年に義介は退任することになります。

じつは義介と義演は、日本達磨宗（35頁参照）の三祖懐鑑《えかん》の弟子で、師とともに道元に弟子入りしました。その後、義介は懐鑑から日本達磨宗四祖を示す嗣書も受けていました。義演はそんな義介に対する嫉妬《しっと》もあったのか、他宗を受け継いだ者が永平寺三代を受け継ぐのはおかしいと批判したのです。

義介の退任後、懐奘が住職にもどりますが、一二八〇年に八三歳で死去。懐奘の遺志により、ふたたび義介が住職にもどります。ところが保守派との対立は深まる一方で、ついに義介は永平寺をおりて、加賀に大乗寺《だいじょうじ》（25頁参照）を開創します。

このような紆余《うよ》曲折を経てようやく住職となった義演ですが、有力信徒の波多野氏の信頼を得られずに永平寺を去ることになります。

この永平寺三代をめぐる一連の争いを「三《さん》代相論《だいそうろん》」といいます。

永平寺はこれにより存亡の危機に陥りましたが、中国僧寂円《じゃくえん》の弟子義雲《ぎうん》によって再興されます。寂円は、道元の中国天童山時代の兄弟弟子で、道元を慕って来日。その後、懐奘のもとで悟りを得て、宝慶寺《ほうきょうじ》（福井県大野市）を開きました。嗣法の弟子は義雲ただひとりです。永平寺は現在に至るまで、義雲の門下によって引き継がれてきました。

義介の弟子、瑩山の登場

瑩山《けいざん》は、道元が没してから一五年後の一二六八年（諸説ある）に越前多禰《たね》（福井県坂井市）の観音堂の境内で生まれたといわれています。母が観音信者で安産のお参りに行く途中だったので、幼名を「行生《ぎょうしょう》」といいました。また、母方の祖母明智《みょうち》は、かつて京都深草で道元に参じ、俗弟子になっています。

そんな信仰深い家庭で育った瑩山は、八歳のときに祖母に連れられて永平寺で出家し、義介のもとで修行します。

しかし、当時の永平寺は三代相論の最中でした。義介が退任したため、懐奘を師として一三歳で得度。ところが、その年に懐奘は亡くなってしまいます。

ふたたび義介が住職になったため、瑩山も義介を師として修行に励みますが、義介と義演の対立が再燃。瑩山はよりよい修行環境を求めて、諸国修行の旅に出ます。瑩山一九歳のときでした。

修行したお寺として伝えられているのは、

●宝慶寺（福井県大野市、曹洞宗）
●興国寺《こうこくじ》（和歌山県由良町、臨済宗）
●東福寺《とうふくじ》、万寿寺《まんじゅじ》（京都市、臨済宗）
●比叡山延暦寺《えんりゃくじ》（滋賀県大津市、天台宗）

などです。

最初に参じた宝慶寺は中国僧寂円のお寺で

夢告によって開いた總持寺

のちに永平寺と並ぶ大本山となる總持寺は、もとは諸嶽寺《もろおかでら》観音堂という真言律宗《しんごんりっしゅう》のお寺でした。一三二一年四月二一日の明け方、瑩山は夢をみます。それは、この観音堂を曹洞宗のお寺に改宗する夢でした。

それと同じころ、観音堂の住職定賢《じょうけん》も、瑩山に自坊を寄進する夢をみたのです。

二人は実際に会って夢の出来事を話し合い、定賢は瑩山に観音堂を寄進したのです。そして瑩山は、観音堂を「諸嶽山總持寺《しょがくさんそうじじ》」と改称し、禅院としたのです。

す。非常に厳しい修行で有名な寂円のもとで学べたことで、仏道修行に励む菩提心《ぼだいしん》を得られました。

また、禅宗ばかりでなく、密教も積極的に学びました。東福寺は当時、京都最大のお寺で、天台教学、密教、禅の兼修道場でした。万寿寺はその塔頭《たっちゅう》寺院です。興国寺も、真言密教を学んだのち、道元に参じた覚心《かくしん》が開いたお寺です。じつは、このときに学んだ密教が、将来、曹洞宗を巨大教団に成長させる遠因となるのです。

諸国修行の旅を終えた瑩山は、永平寺をおりた義介が開いた大乗寺に身を置きます。

そこでの修行中に瑩山は悟りを開きました。その悟りの境地は「平常心是道《びょうじょうしんこれどう》」（ふだんの生活そのものが仏の道である）という禅語にあらわされています。

そして二八歳のときに阿波《あわ》の城万寺《じょうまんじ》（現在は城満寺という、徳島県海部《かいふ》町）の住職として招かれ、四年間を過ごしました。この間に七〇人あまりに戒を授けたといわれています。

五老峰を建立し三代相論を終結

城万寺から大乗寺へもどった瑩山は、一三〇二年に義介にあとを譲られ、大乗寺二代となります。瑩山三五歳のことです。

大乗寺で瑩山は、お釈迦さまからはじまり、中国を経て道元→懐奘→義介へと至る祖師の業績を修行僧たちに講義します。これによって師資相承《ししそうじょう》の正伝を受け継いでいることを確認したのです。

以降五三回も講義したそうです。これは『伝光録《でんこうろく》』としてまとめられ、現在では道元の『正法眼蔵』とともに曹洞宗の二大宗典となっています。

その後、瑩山は四六歳のときに永光寺《ようこうじ》（25頁参照）を、五四歳のときに總持寺《そうじじ》（24頁参照）を開きます。

そして、瑩山の大きな功績のひとつである永光寺五老峰《ごろうほう》の建立は五六歳のときです。

五老峰とは、曹洞宗の正伝をあらわす霊地です。道元の師如浄、道元、懐奘、義介、そして自身が受け継いだ遺品や遺骨などを境内の最奥に埋めました。

●瑩山禅師の著書

伝光録《でんこうろく》	大乗寺での講義をまとめた書
信心銘拈提《しんじんめいねんてい》	中国禅の名著『信心銘』の解説書
坐禅用心記《ざぜんようじんき》	道元著『普勧坐《ふかんざ》禅儀《ぜんぎ》』の詳説書
瑩山清規《けいざんしんぎ》	修行僧の生活規則をまとめた書
洞谷記《とうこくき》	瑩山の宗教生活を綴った書

●永光寺五老峰

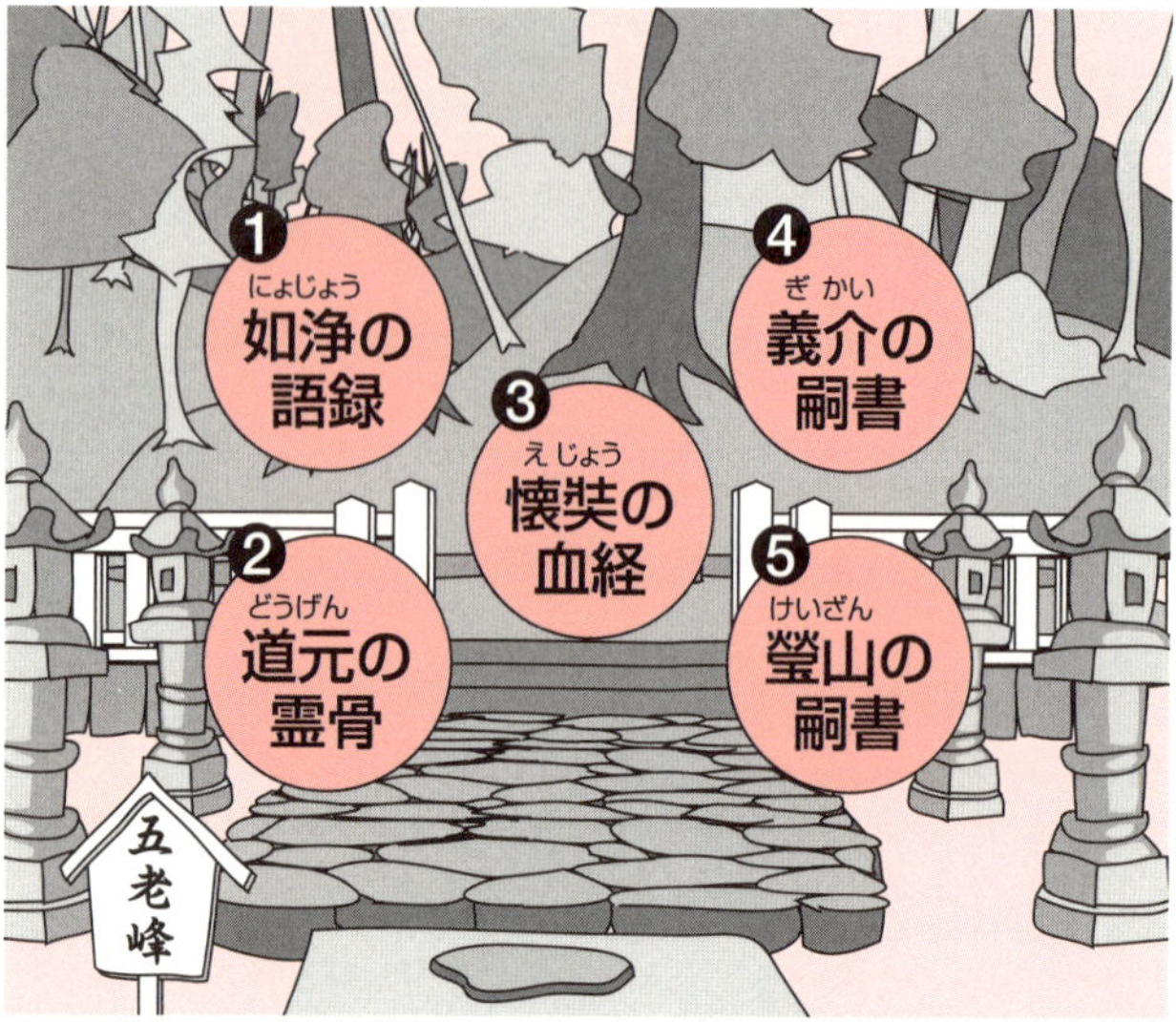

瑩山は義介からの嗣承《ししょう》のうち、道元から伝わる嗣書《ししょ》と伝衣《でんえ》（道元が自ら縫った袈裟《けさ》）のみを残して、日本達磨宗の嗣書などはすべて五老峰に納めたのです。

これにより、永平寺との三代相論のわだかまりはなくなりました。

また、瑩山は義介の進歩性を受け継ぎ、教団の大衆化に尽力しました。密教の教えをとりいれたのも、在野の人々の密教信仰を意識してのことだったのでしょう。その進歩性は瑩山の弟子たちにも引き継がれました。

瑩山は總持寺を峨山《がさん》に譲り、翌一三二五年に永光寺で没します。五八歳でした。

そして永光寺は明峰《めいほう》に譲られました。

曹洞宗を急伸させた峨山と明峰の活躍

瑩山没後の曹洞宗は、峨山《がさん》と明峰《めいほう》の二人が牽引しました。二人は数多くの優秀な人材を育成し、瑩山が進めていた教線を飛躍的に拡大させました。当時の民衆が求める密教の諸尊や、その土地の民間信仰を柔軟な考え方をもってとりいれ、他宗のお寺を禅宗へ改宗させていったのです。

また、三代相論の反省から合議制による寺院運営を行なったことで、末寺からの信頼も得られ、曹洞宗は全国に発展します。

幕府の寺院統制で二大本山が明文化

江戸時代になると、幕府はキリスト教追放のために、住民はいずれかのお寺に所属しなければならないという檀家・寺請《てらうけ》制度を徹底させました。

また、幕府の諸宗本山制度により、永平寺と總持寺の両大本山が明文化されます。曹洞宗の末寺は一万七〇〇〇カ寺を超える巨大教団になりました。

しかし、こうした寺院統制によって守られることから、僧たちは布教活動に力をいれなくなりました。
このような堕落ぶりを憂いた大乗寺の月舟《げっしゅう》宗胡《そうこ》と、その弟子の卍山道白《まんざんどうはく》は、道元の時代の厳しい規律にもどそうと宗統復古運動をおこします。それにより宗内は活気づき、宗学研究も盛んになりました。

鈴木正三《すずきしょうさん》
仁王の気迫で煩悩に打ち勝つ
風外慧薫《ふうがいえくん》
岩穴に住み、ドクロの鉢で食事
良寛《りょうかん》
歌を詠み、子供たちと遊ぶ

いっぽうで、江戸時代には個性的な禅僧も輩出しました。もと徳川の旗本で気迫に満ちた仁王禅《におうぜん》をすすめた鈴木正三《すずきしょうさん》、住職の身を捨てて岩穴で修行をつづけた風外慧薫《ふうがいえくん》、自然を愛し歌を詠んだ良寛《りょうかん》などがいます。

明治時代になると、神道《しんとう》の国教化と廃仏毀《はいぶつき》釈《しゃく》によって仏教界全体が被害を被ります。しかし、仏教界が団結してはたらきかけたことによって「信教自由令」が発令され、少しずつ被害から立ち直りました。

また、明治政府の近代化政策によって、僧侶の蓄髪《ちくはつ》、肉食《にくじき》、妻帯《さいたい》などの自由が認められるようになり、曹洞宗でも他宗と同様に在家化が進みました。

第3章

曹洞宗の仏壇とおつとめ

❶仏壇とお飾り
❷日常のおつとめ
❸拝読するお経

仏壇は一家の心のよりどころ

「うちには亡くなった人がいないから仏壇はまだいらない」という人がいますが、それはちがいます。

仏壇には故人や先祖の位牌《いはい》も安置しますが、何よりもまず、本尊をまつるためのものです。「仏壇を購入すると死者が出る」「分家だから仏壇は必要ない」などといった迷信や誤解があるようですが、仏壇は故人や先祖がいる浄土をあらわし、一家の心のよりどころとなるものです。

死者が出てからあわてて買い求めるよりも、思い立ったときに購入するのがよいでしょう。

また、購入する日や安置する方角にも吉凶はありませんので、とらわれないようにしましょう。

仏壇は仏さまの浄土

一般的な仏壇内部の構造は、上段を「須弥《しゅみ》壇《だん》」、その上の空間を「宮殿《きゅうでん》」といいます。

これは、私たちが住んでいるこの世界の中心には須弥山《しゅみせん》という高い山があり、その上に宮殿があって仏さまが住んでいるという仏教の宇宙観をあらわしています。

仏さまの世界として、もっともよく知られているのは阿弥陀仏《あみだぶつ》の極楽浄土です。西方はるか彼方にあり、このうえもなく美しく、やすらかな世界だといわれています。

ほかに、悟りを開いたお釈迦さまが説法した霊山《りょうぜん》浄土や、お釈迦さまが前世に住み、いまは弥勒菩薩《みろくぼさつ》が住んでいるという兜率天《とそつてん》、悩み苦しんでいる人々の声を聞き、さまざまな姿に変身して救済してくれるという観音菩薩《かんのんぼさつ》が住む補陀落山《ふだらくせん》などがあります。

だから、どの宗派の仏壇も、須弥山をあらわす須弥壇は精巧な彫刻が施され、宮殿には本尊をかけるようになっています。

浄土とはそもそも色も形もない真実そのものの仏さまの世界ですが、その素晴らしさをなんとか目に見える形であらわそうとしたのが仏壇なのです。最近は、マンションの洋間にも似合うモダンな現代仏壇もあります。

仏壇の購入は宗派をしっかり伝えて

伝統的な仏壇は大きく分けて、黒檀《こくたん》や紫檀《したん》の木でできた唐木《からき》仏壇と、漆《うるし》で塗り金箔《きんぱく》で飾った金仏壇があります。金仏壇はおもに浄土真宗で用いられ、曹洞宗では木地をいかし落ち着いた唐木仏壇が多いようです。

仏壇の構造にも若干のちがいがあり、お飾りする仏具などもちがってきますので、仏壇を購入する際には「曹洞宗」と、自分の宗派をしっかり伝えるようにしましょう。

家に仏壇を置くスペースがないときには無理して仏壇を購入する必要はありません。タンスの上などに本尊と三具足《みつぐそく》（50頁参照）を置くだけで立派な仏壇です。

曹洞宗の本尊は釈迦牟尼仏

曹洞宗の本尊は釈迦牟尼仏《しゃかむにぶつ》です。つまり、この世に生まれ、悟りを開いたお釈迦さまです。

釈迦牟尼仏の木像や絵像だけでもかまいませんが、宗門では釈迦牟尼仏を中心に、右に道元禅師、左に瑩山禅師を描いた一仏両祖の絵像（三尊仏）をまつることをすすめています。すでに木像をまつっている場合は後ろにかけてもよいでしょう。

一仏両祖の絵像は、仏具店や菩提寺《ぼだいじ》を通して求めることができます。

●一仏両祖の絵像（三尊仏）

仏壇・本尊を新しくしたら

仏壇を購入し、本尊をまつるときには、菩提寺の住職にお願いして開眼《かいげん》法要をしていただきます。「御霊《みたま》入れ」「お性根《しょうね》入れ」などともいわれ、本尊に命を吹き込んで本来のはたらきができるようにすることです。これによって、仏壇は仏さまの浄土となります。

仏壇を買い替えたときには、古い仏壇の御霊抜きを行なったうえで、新しい仏壇の御霊入れをします。また、位牌やお墓などを新しくしたり、改修したときも同様です。

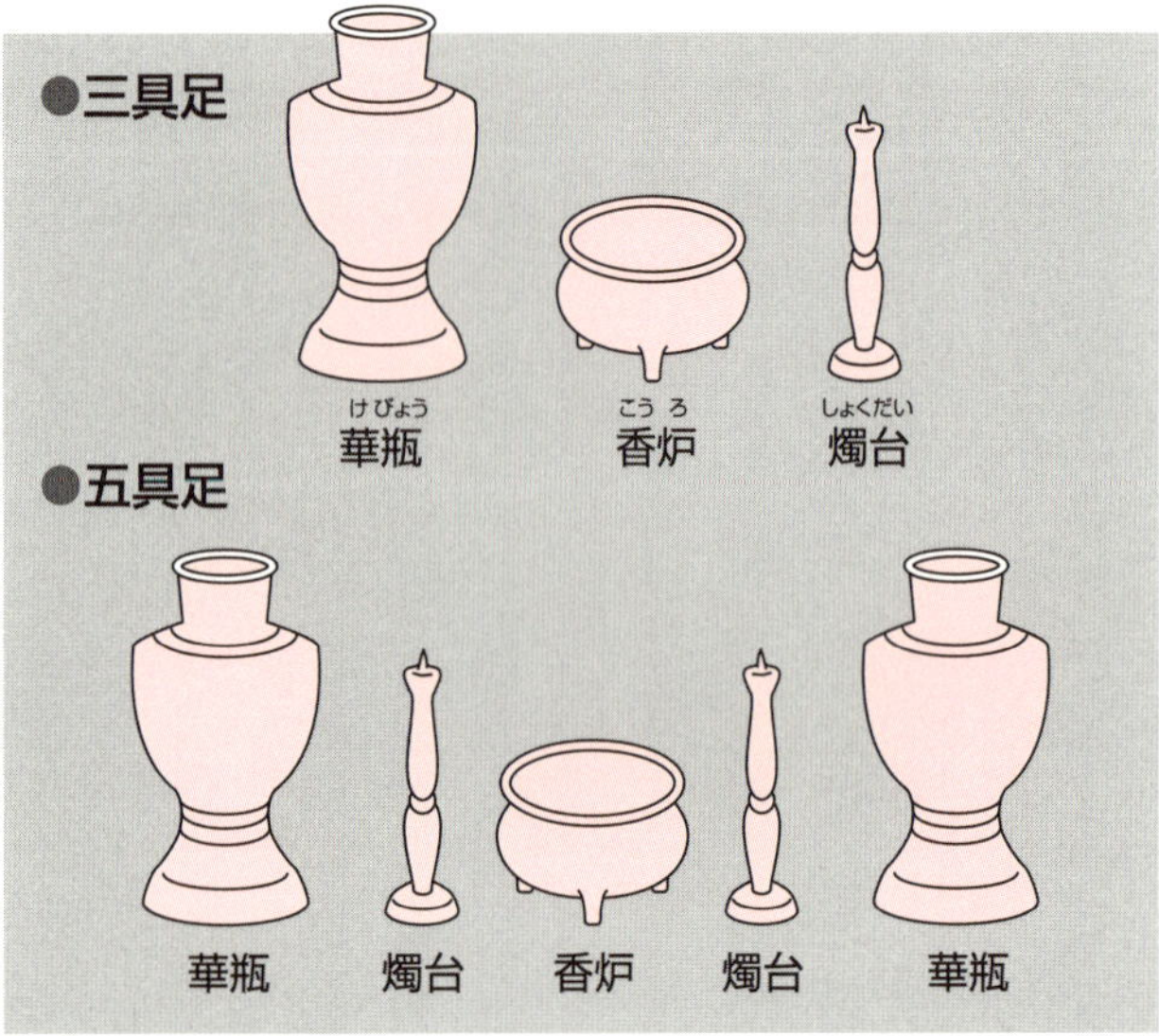

お飾りの基本は三具足

仏壇の仏具を調え、お飾りすることを「荘《しょう》厳《ごん》」といいます。基本となる仏具は、ろうそくを立てる燭台《しょくだい》、花を立てる華瓶《けびょう》、香をたき、あるいは線香を立てる香炉《こうろ》の三つです。これを「三具足《みつぐそく》」といいます。なお、年回（年忌）法要、お正月、お彼岸《ひがん》、お盆などの特別な仏事のときには、香炉の左右に燭台と華瓶を一対《いっつい》ずつ置いて「五具足《ごぐそく》」とします。

この「具足」とは、じゅうぶん満ち足りて何一つ欠けたものがないという意味です。

曹洞宗の仏壇のお飾りの仕方

仏壇のお飾りは、仏教各派によってちがいますが、仏壇の大きさなどによっても変わってきます。また、日常と特別な仏事のときとでちがってきます。

宮殿に一仏両祖（三尊仏）をまつり、左右に位牌を安置します。このとき、古い位牌を向かって右に、新しい位牌を左にまつります。

過去帳は中段か下段の中央にまつります。

中段の中央には茶湯《ちゃとう》と仏飯《ぶっぱん》（仏餉《ぶっしょう》）をそなえます。そして、高坏《たかつき》にお菓子や果物《くだもの》などの供物《くもつ》を盛って左右にそなえます。命日やお盆などには霊供膳《れいぐぜん》をそなえます。

下段には、前述の三具足または五具足を配置します。

仏壇の前に経机を置き、経本、数珠《じゅず》、リン（小磬《しょうけい》）、線香立てなどを置きます。木魚《もくぎょ》があれば、経机の右下に置きます。

大きな仏壇では、灯籠《とうろう》や瓔珞《ようらく》などをつるし、花立てとは別に「金蓮華《きんれんか》」（浄華《じょうか》）と呼ばれる造花を飾ることもあります。

仏壇が小さい場合は、本尊と三具足、茶湯、仏飯、リンがあればじゅうぶんです。その他のお飾りは住職や仏具店に相談してそろえていけばよいでしょう。

●曹洞宗のお飾り

❶本尊（一仏両祖）　❷位牌《いはい》　❸瓔珞《ようらく》（一対）　❹灯籠《とうろう》（一対）
❺過去帳　❻茶湯器《ちゃとうき》　❼仏飯器《ぶっぱんき》　❽高坏《たかつき》（一対）　❾金蓮華《きんれんか》（一対）

三具足　❿華瓶《けびょう》　⓫香炉《こうろ》　⓬燭台《しょくだい》
＊特別な仏事のときは五具足とする

⓭経机　⓮数珠　⓯経本　⓰リン（小磬《しょうけい》）　⓱線香立て　⓲木魚《もくぎょ》

＊三本足の仏具はかならず一本の足が正面にくるように置く

●仏飯と茶湯のそなえ方

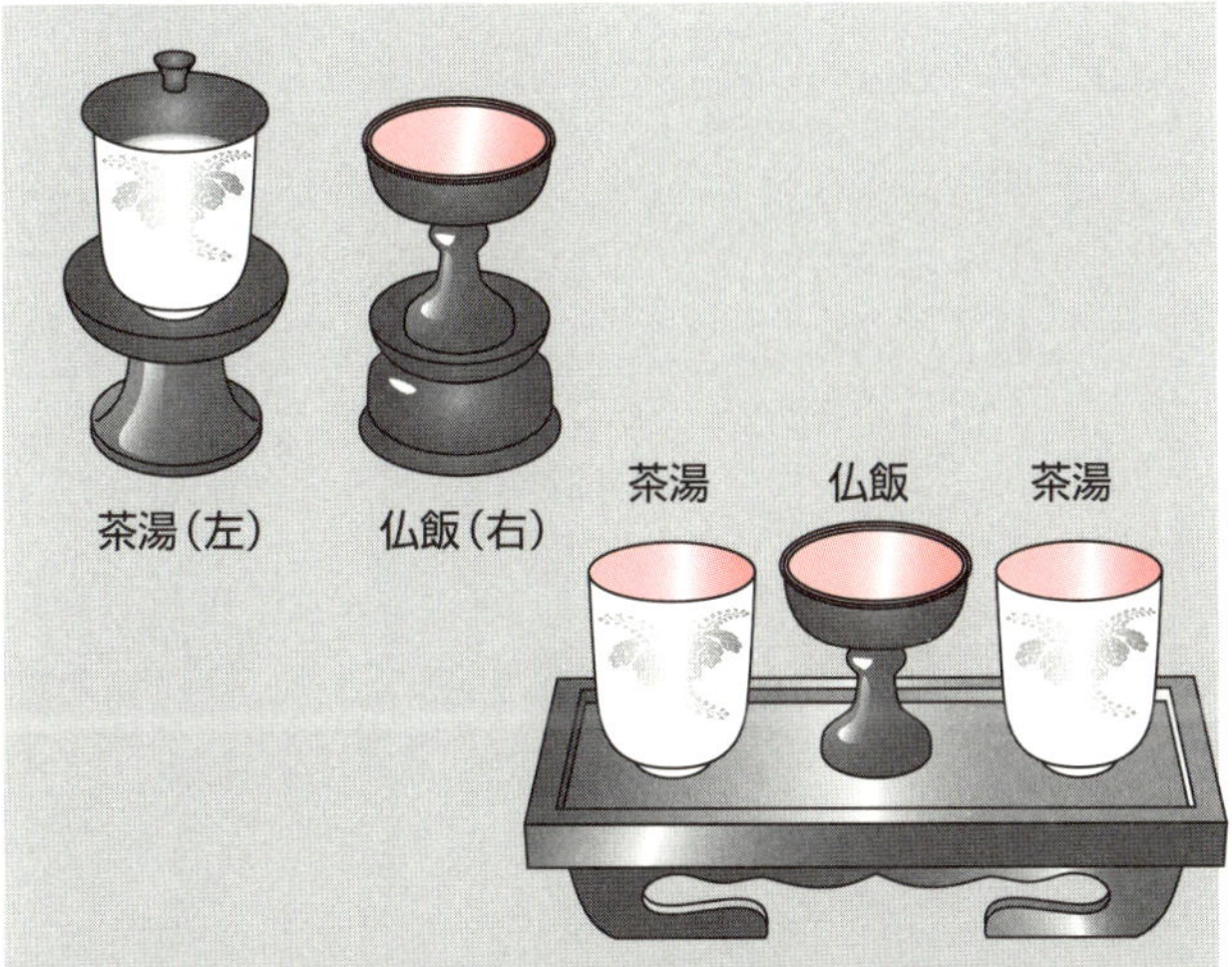

＊仏器膳を使って、中央に仏飯、左右に茶湯をそなえる方法もある

●霊供膳

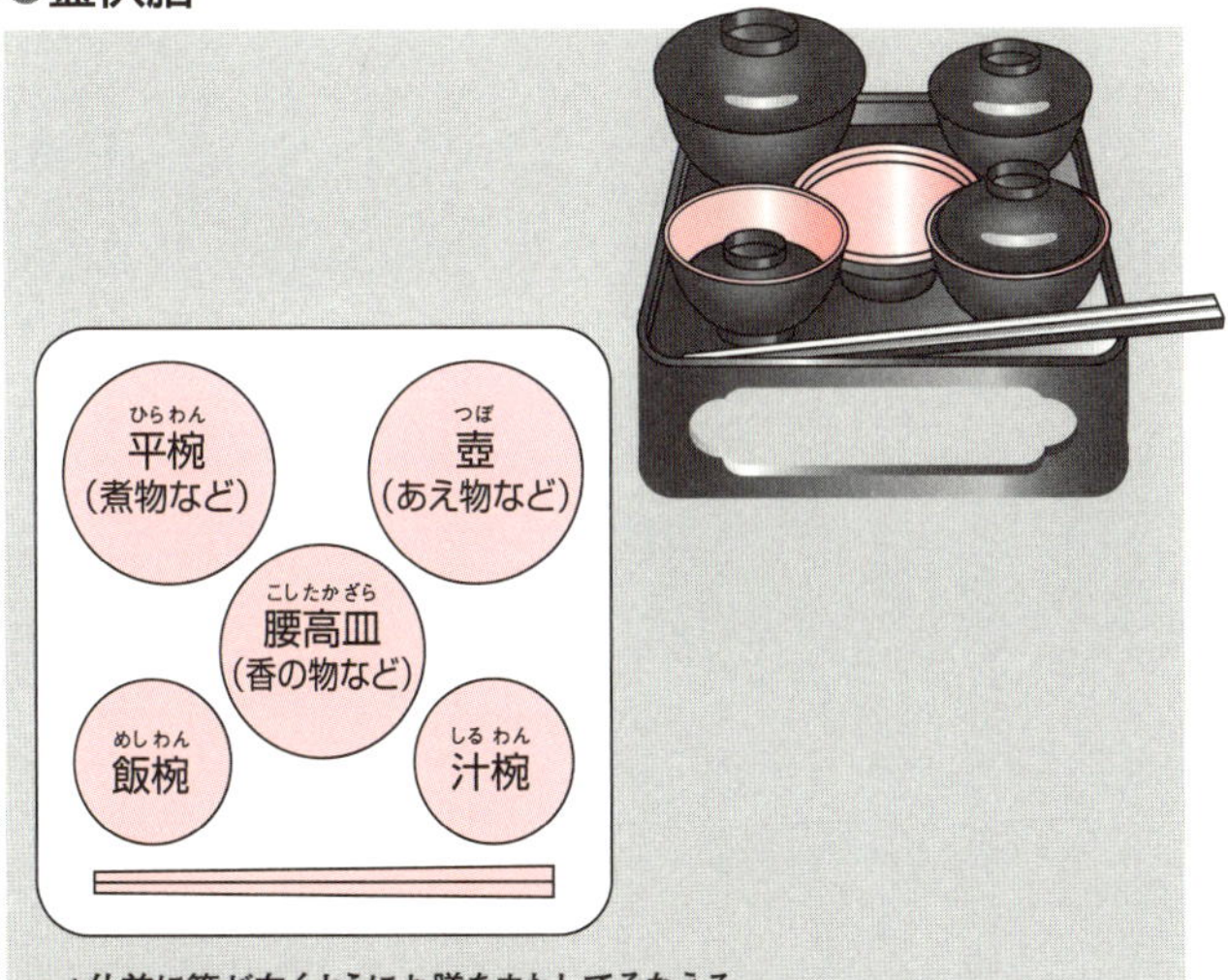

＊仏前に箸が向くようにお膳をまわしてそなえる

位牌が多くなったら繰り出し位牌にする

位牌は、古く中国の後漢時代、儒教のならわしにより官位や姓名を小さな板に記してまつったことにはじまったものです。それが日本に伝わり、先祖供養という日本的な習俗の影響を受けて、現在のようなかたちになったといわれています。

お葬式で用いる白木《しらき》の位牌は四十九日《しじゅうくにち》の満《まん》中陰《ちゅういん》にお寺に納め、黒塗りや金箔を貼った本位牌に改めます。本位牌とはふつう、故人一人に対して一つつくる札位牌をいいます。

位牌が多くなったときには、繰り出し位牌にまとめることができますので、菩提寺に相談します。繰り出し位牌というのは、屋根や扉がついたもので、このなかに板位牌が数枚入るようになっています。命日や法事のときに、それぞれの位牌を前に出して見えるようにします。

また、生前に戒名《かいみょう》を受けて位牌をつくるものを「逆修牌《ぎゃくしゅはい》」といいます。このとき、位牌の文字を朱《しゅ》で埋めておくことから「寿牌《じゅはい》」とも呼ばれます。たとえば、夫婦のいずれかが亡くなったときに、一つの位牌に夫の戒名（右）と妻の戒名（左）を刻み、生きている方の戒名を朱にしておくこともあります。

過去帳は「霊簿《れいぼ》」ともいい、故人の戒名や俗名《ぞくみょう》、命日、享年《きょうねん》を記します。
位牌や過去帳は、永遠の過去からいまの私につながる尊い命のしるしです。

●繰り出し位牌

おそなえの基本は五供養

供物は供養の心のあらわれです。
曹洞宗では「五供養」といって、次の五つをおそなえの基本としています。

▼**灯明《とうみょう》**　ろうそくの光は、いっさいの闇《やみ》を照らし、私たちを歩むべき道に導いてくれる仏さまの智慧《ちえ》の象徴です。
お釈迦さまは臨終の際、弟子たちに「これからは自らを灯《ともしび》とし、仏法を灯としていきなさい」といいました。この〝自灯明法灯明《じとうみょうほうとうみょう》〟の言葉は、仏教徒の心のよりどころです。

灯明は息を吹きかけて消してはいけません。手であおぐか、ろうそく消しを使います。

▼**香り**　くまなく行き渡る抹香《まっこう》や線香の香りは、仏さまの差別のない慈悲の心の象徴です。

慈悲の心とは、人を自分と同じようにいとおしく思い、人の悲しみを自分のものとして悲しむ気持ちです。

▼**花**　人々の心を温かく和《なご》やかにしてくれる花は仏さまの心の象徴であり、命の輝きをあらわしています。ですから、華瓶にはかならず生花を私たちのほうへ向けて飾ります。

金蓮華は浄土の美しさをあらわします。

▼**浄水**《じょうすい》　水はすべてのものを育む命の根源であり、けがれやよごれを洗い清めてくれることから、仏さまの清らかな徳の象徴です。

毎朝、入れたてのお茶や水を仏前にそなえます。おさがりは植木などにかけるとよいでしょう。

▼**飲食**《おんじき》　命の連鎖によって私たちが生かされていることへの感謝、満足することを知る意味を持ったおそなえです。

仏飯は「仏餉《ぶっしょう》」ともいい、毎朝、炊きたてのご飯をそなえます。また、ご飯に限らず、果物やお菓子など、私たちがいただくものをそなえます。おさがりは無駄にしないで、家族みんなで分け合って食べましょう。また、いただきものをしたときは、かならず一度仏壇におそなえしてからいただきましょう。

日常のおつとめは感謝の気持ちで

曹洞宗では「朝は合掌、昼は汗、夜は感謝で眠りましょう」と教えています。

これは、仏壇の前のおつとめで一日がはじまり、自分がするべき仕事に一生懸命励み、今日一日をよい日であったと終えることができたことに感謝しようということです。

曹洞宗の檀信徒として、もっとも大切なことは、この「感謝の日暮らし」です。

ふだんの生活のなかで「ありがとう」という言葉を使ったことがない人は、本当にありがたいと思ったときでも、なかなかこの言葉がいえないものです。食事の前後には手を合わせる、人にあいさつをする、といったことも同様です。

おつとめは「勤行《ごんぎょう》」ともいいます。日課として行なうということです。

毎日、おつとめをつづけることで、命と心の落ち着きが得られるようになります。

また、お経に説かれた一つひとつの言葉には、それぞれ深い意味が込められています。お経を読んであじわうとともに、何が書かれているかを知ることも意義深いことです。

●合掌礼拝

礼拝
合掌
*ひじをややはる。中指の先が鼻の高さにくるように

おつとめの基本は合掌礼拝

合掌は、両手を胸の前で自然に合わせ、指先をまっすぐに伸ばし、すきまをつくらないようにぴったりとつけます。腕は中指の先が鼻の高さにくるようにして、ひじをややはります。そして合掌のまま上体を四五度傾けて礼拝し、上体をもどしてから合掌をときます。

お寺の法要などで正座のまま、導師の磬《けい》の音に合わせて全員で三回つづけて礼拝《らいはい》することを「普同三拝《ふどうさんぱい》」といいます。また、仏前で礼拝するときには、かならず数珠《じゅず》をかけます。

●数珠の作法

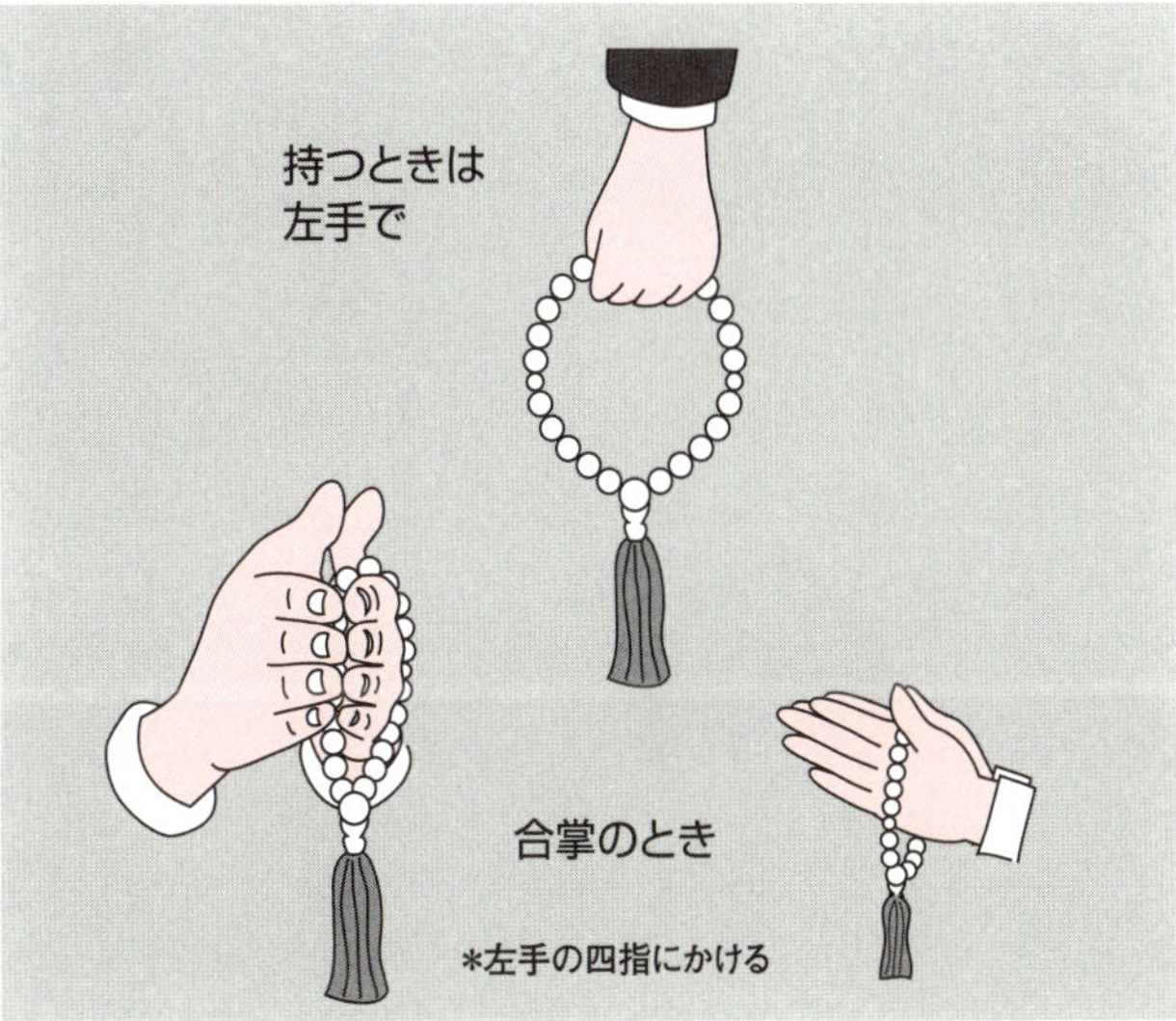

数珠は礼拝するときの身だしなみ

数珠は「念珠《ねんじゅ》」ともいいます。いろいろな珠数《たまかず》のものがありますが、在家信徒は略式の一輪《ひとわ》の数珠でよいでしょう。できれば、家族全員がそれぞれに持ちたいものです。

数珠のかけ方は宗派によってちがいます。曹洞宗では一輪の数珠の場合、合掌のときは、房を下にして左手の四指にかけて親指で軽く押さえます。すり合わせるようなことはしません。数珠を持つときは房を下にして左手で持ちます。

●線香の作法

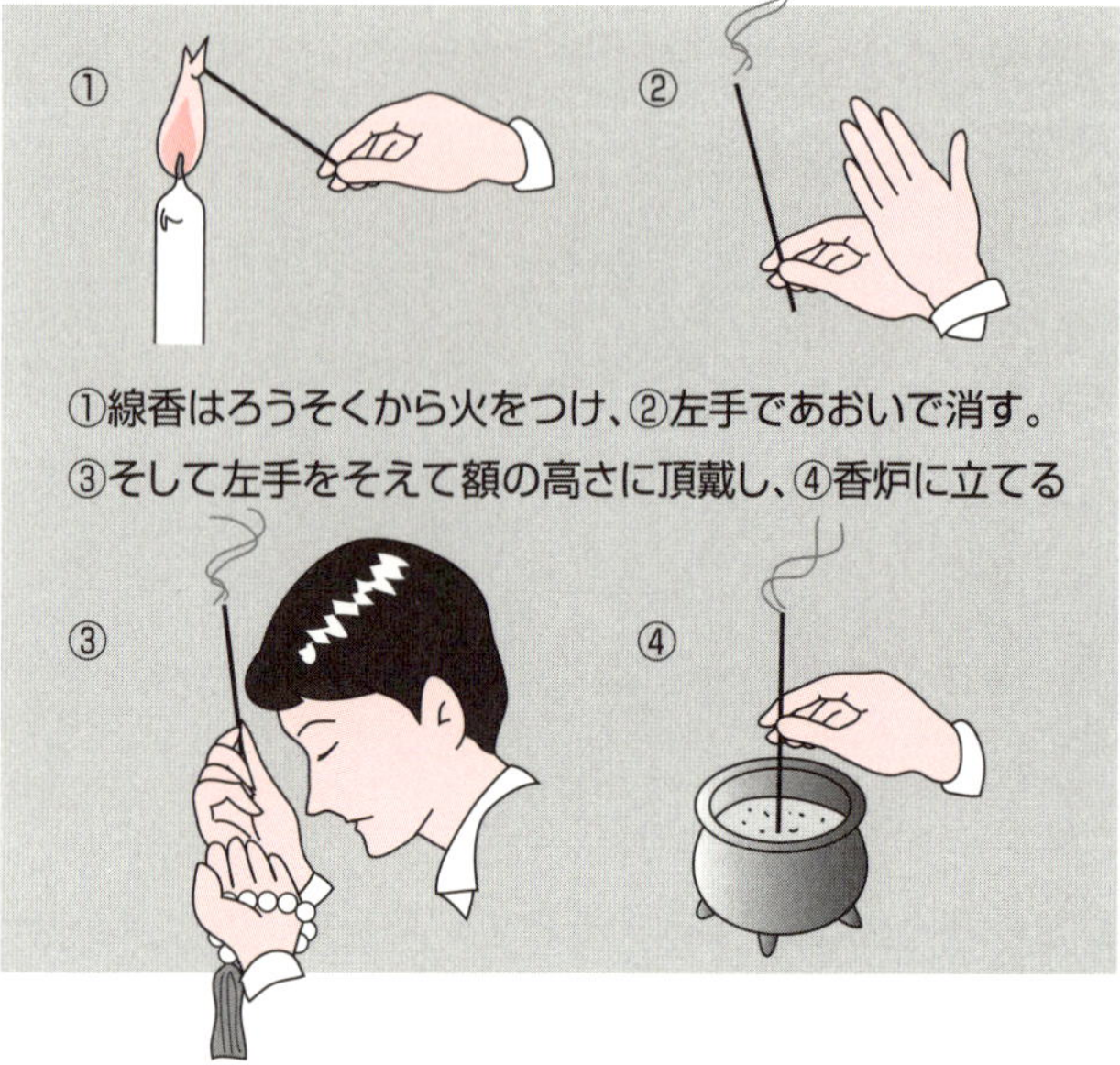

①線香はろうそくから火をつけ、②左手であおいで消す。
③そして左手をそえて額の高さに頂戴し、④香炉に立てる

お給仕を調えてから おつとめをする

朝夕二回のおつとめが原則ですが、できないときはどちらか一回でもおつとめしたいものです。

朝起きて洗顔後、華瓶《けびょう》の水をとりかえ、炊きたての仏飯《ぶっぱん》と茶湯《ちゃとう》をそなえます。ご飯が炊けていなかったら、おつとめのあとでもかまいません。仏飯は正午までに下げます。

そして、ろうそくに火をともし、その火で一本の線香に火をつけ、焼香のときと同様に左手をそえて額の高さに頂戴してから香炉に

● おつとめの仕方

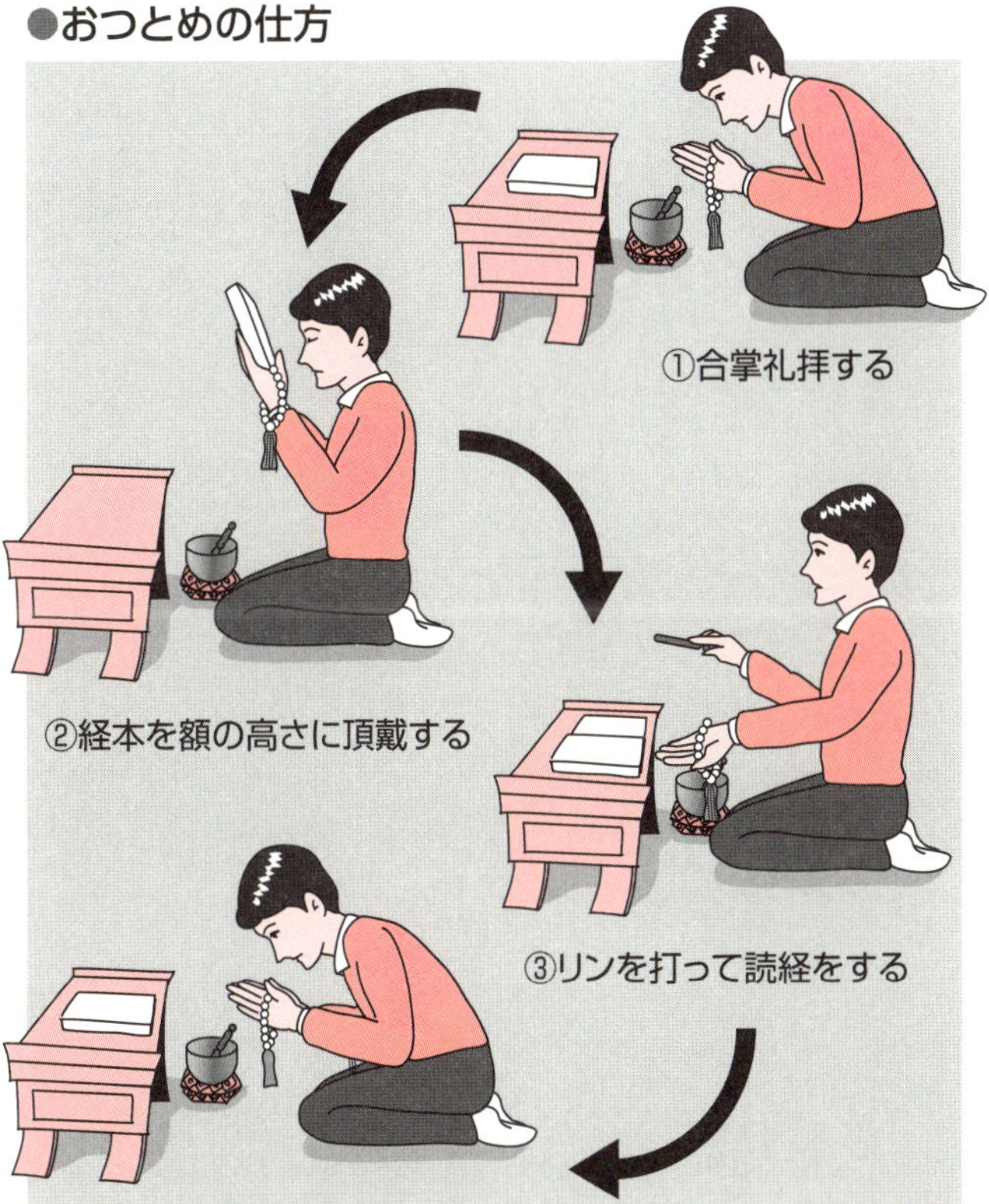
④合掌礼拝する

● 経本の正しい持ち方

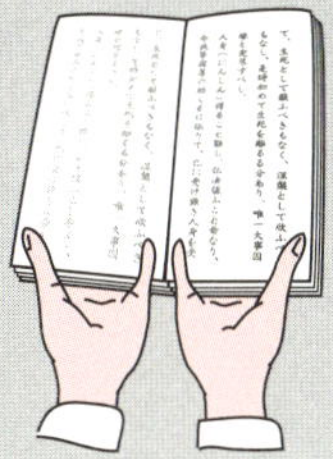

● リンの打ち方

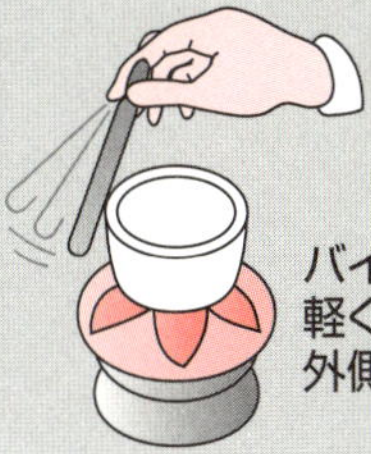
バイ（打ち棒）を
軽く持ち、
外側を打つ

立てます。

お給仕が調ったらリンを二回打ち鳴らし、合掌礼拝《らいはい》します。次に経本を額の高さに頂戴したのち、リンを打って読経をはじめます。

檀信徒のおつとめの基本は64頁のとおりです。時間の都合や目的により適宜変化させて行ないます。

経文の終わりや回向《えこう》のときはリンを響かせずに打ちます。回向とは、自身がとなえるお経の功徳《くどく》を、先祖供養や人々の幸せのために振り向けてもらうよう願うことです。

読経を終えたらふたたび合掌礼拝します。

なお、家族が一緒におつとめしているときは一人ずつ線香をあげ、ろうそくを消して終了します。

夕《ゆうべ》のおつとめをするときは基本的に仏飯はそなえません。それは、お釈迦さまの時代の食事は朝昼の二回だったことからです。

宗門より『曹洞宗檀信徒聖典』などの経本が出ています。リンや木魚の鳴らし方、お経のとなえ方などおつとめの仕方は意外にむずかしいものです。菩提寺の住職に習ったり、最近はカセットテープやCDが市販されていますので聞きながら練習するとよいでしょう。

リンはおつとめのときに鳴らすものなのでむやみに鳴らさないようにします。また経本や数珠は、床《ゆか》や畳の上などには直接置かず、かならず敷物や台の上に置くようにします。

日常のおつとめで拝読するお経

曹洞宗の日常のおつとめでは、まずはじめに仏さまを礼拝《らいはい》する言葉（唱礼《しょうらい》）を述べ、本尊回向《えこう》、先祖回向、大乗仏教徒としての誓いの言葉を述べるのが基本です。

そこから時間の都合や目的により適宜変化させておつとめします。しかし、かならず最後は『略三宝《りゃくさんぼう》』をとなえ、三拝《さんぱい》します。

唱礼のなかで、曹洞宗ならではの特徴的なお経が『三尊礼文《さんぞんらいもん》』です。

一般にもっとも親しまれている『般若心経《はんにゃしんぎょう》』は、『大般若経《だいはんにゃきょう》』六〇〇巻の真髄をわずか二六二文字にまとめたものです。曹洞宗では本尊をたたえるとき、先祖供養のとき、そして祈祷の際にもとなえます。

次に覚えておきたいのが『修証義《しゅしょうぎ》』です。これは、道元の主著『正法眼蔵《しょうぼうげんぞう》』九五巻のなかから文言を抜き集めて全五章三一節にまとめたものです。第一章は総序（仏教の基本）、第二章は懺悔滅罪《さんげめつざい》、第三章は受戒入位《じゅかいにゅうい》、第四章は発願利生《ほつがんりしょう》、第五章は行持報恩《ぎょうじほうおん》となっています。ここでは第五章を紹介します。

大乗仏教徒としての誓いである『四弘誓願《しぐせいがん》文《もん》』は、多少文言はちがいますが、仏教各宗派でとなえられます。

●檀信徒のおつとめの基本

時間の都合や目的により適宜変化させておつとめをする

朝のおつとめ	ABCDE　ABDE　BDE　BE　CE
故人や先祖の供養	ABCDE　BCE　BE　CE
夕のおつとめ	ABDE　BDE　CDE

A 唱　礼

仏さまを礼拝する言葉

①『開経偈《かいきょうげ》』（合掌または経本を持つ）

②『懺悔文《さんげもん》』（合掌または経本を持つ）

③『三帰依文《さんきえもん》』（三帰戒文《さんきかいもん》）（三拝）

④『三尊礼文《さんぞんらいもん》』（合掌または経本を持つ）（65頁参照）

B 本尊回向

本尊をたたえ、その功徳を人々に振り向けてもらう

①『般若心経《はんにゃしんぎょう》』（66頁参照）

②『本尊上供回向文《ほんぞんじょうぐえこうもん》』（朝）

または『普回向《ふえこう》』（夕）（合掌または経本を持つ）

C 先祖回向

先祖をたたえ、その功徳を人々に振り向けてもらう

①『修証義《しゅしょうぎ》』（68頁参照）

または『観音経《かんのんぎょう》』（妙法蓮華経観世音菩薩普門品偈《みょうほうれんげきょうかんぜおんぼさつふもんぼんげ》）

②『先祖供養回向文』（朝）

または『普回向』（夕）（合掌または経本を持つ）

D 大乗仏教徒としての誓い

①『四弘誓願文《しぐせいがんもん》』（合掌または経本を持つ）（70頁参照）

E 祈りの言葉

①『略三宝《りゃくさんぼう》』（三拝）（70頁参照）

三尊礼文

南《な》無《む》大《だい》恩《おん》教《きょう》主《しゅ》本《ほん》師《し》釈《しゃ》迦《か》牟《む》尼《に》仏《ぶつ》
南《な》無《む》高《こう》祖《そ》承《じょう》陽《よう》大《だい》師《し》
南《な》無《む》太《たい》祖《そ》常《じょう》済《さい》大《だい》師《し》
南《な》無《む》大《だい》慈《ず》大《だい》悲《ひ》哀《あい》愍《みん》摂《しょう》受《じゅ》
生生《しょうしょう》世世《せせ》値《ち》遇《ぐう》頂《ちょう》戴《だい》

【現代語訳】

大恩ある教えの主であり、私の本師である釈迦牟尼仏を敬い礼拝《らいはい》します。

曹洞宗の高祖として「承陽大師」の名を持つ道元禅師を敬い礼拝します

曹洞宗の太祖として「常済大師」の名を持つ瑩山《けいざん》禅師を敬い礼拝します

私のこの真心を一仏両祖の大いなる慈悲心で哀れと思い、お受け取りください。

何度生まれ変わろうとも、かならず一仏両祖の教えにめぐり合って頂戴いたします。

般若心経

摩《ま》訶《か》般《はん》若《にゃ》波《は》羅《ら》蜜《みっ》多《た》心《しん》経《ぎょう》
観《かん》自《じー》在《ざい》菩《ぼー》薩《さつ》。行《ぎょう》深《じん》般《はん》若《にゃー》波《はー》羅《らー》蜜《みー》多《たー》時《じー》。
照《しょう》見《けん》五《ごー》蘊《うん》皆《かい》空《くう》。度《どー》一《いっ》切《さい》苦《くー》厄《やく》。
舎《しゃー》利《りー》子《しー》。色《しき》不《ふー》異《いー》空《くう》。空《くう》不《ふー》異《いー》色《しき》。色《しき》即《そく》是《ぜー》空《くう》。
空《くう》即《そく》是《ぜー》色《しき》。受《じゅー》想《そう》行《ぎょう》識《しき》。亦《やく》復《ぶー》如《にょー》是《ぜー》。
舎《しゃー》利《りー》子《しー》。是《ぜー》諸《しょー》法《ほう》空《くう》相《そう》。不《ふー》生《しょう》不《ふー》滅《めつ》。
不《ふー》垢《くー》不《ふー》浄《じょう》。不《ふー》増《ぞう》不《ふー》減《げん》。
是《ぜー》故《こー》空《くう》中《ちゅう》。無《むー》色《しき》無《むー》受《じゅー》想《そう》行《ぎょう》識《しき》。
無《むー》眼《げん》耳《にー》鼻《びー》舌《ぜっ》身《しん》意《にー》。無《むー》色《しき》声《しょう》香《こう》味《みー》触《そく》法《ほう》。
無《むー》眼《げん》界《かい》乃《ない》至《しー》無《むー》意《いー》識《しき》界《かい》。無《むー》無《むー》明《みょう》亦《やく》無《むー》無《むー》明《みょう》尽《じん》。

【大意】
真実に目覚める智慧により、やすらぎの世界に至る教え

〈観音菩薩《かんのんぼさつ》が主人公となって、お釈迦さまの十大弟子の一人、智慧《ちえ》第一の舎《しゃ》利弗《りほつ》に説法をする設定になっています〉

はるか昔、私（観音菩薩）は瞑想《めいそう》していたとき、人間の体と心は影響し合っており、こだわりようがないものである（空《くう》）と悟り、あらゆる苦しみから抜け出すことができました。

舎利弗よ、この世における形あるものはすべて実体がないものであり、実体がないものが形となっているのです。それは、感覚、想《おも》い、意志、認識といったことも同様です。

つまり、生じたり消滅したりせず、よごれたりきれいなったりもせず、増えたり減ったりすることもないのです。

乃至《ないしー》無老死《むーろうしー》。亦無老死尽《やくむーろうしーじん》。
無苦集滅道《むーくーしゅうめつどう》。無智亦無得《むーちーやくむーとく》。以無所得故《いーむーしょーとくこー》。
菩提薩埵《ぼーだいさつたー》。依般若波羅蜜多故《えーはんにゃーはーらーみーたーこー》。
心無罣礙《しんむーけいげー》。無罣礙故《むーけいげーこー》。無有恐怖《むーうーくーふー》。
遠離一切顛倒夢想《おんりーいっさいてんどうむーそう》。究竟涅槃《くーぎょうねーはん》。
三世諸仏《さんぜーしょーぶつ》。依般若波羅蜜多故《えーはんにゃーはーらーみーたーこー》。
得阿耨多羅三藐三菩提《とくあーのくたーらーさんみゃくさんぼーだい》。
故知般若波羅蜜多《こーちーはんにゃーはーらーみーたー》。是大神呪《ぜーだいじんしゅー》。
是大明呪《ぜーだいみょうしゅー》。是無上呪《ぜーむーじょうしゅー》。是無等等呪《ぜーむーとうどうしゅー》。
能除一切苦《のうじょーいっさいくー》。真実不虚《しんじつふーこー》。
故説般若波羅蜜多呪《こーせつはんにゃーはーらーみーたーしゅー》。即説呪曰《そくせつしゅーわつ》。
羯諦羯諦《ぎゃーていぎゃーてい》。波羅羯諦《はーらーぎゃーてい》。波羅僧羯諦《はらそうぎゃーてい》。
菩提薩婆訶《ぼーじーそわかー》。般若心経《はんにゃしんぎょう》。

ですから、姿形も感覚も意識もないのです。

したがって、無知も老いも死も、悟りを得ることにも、こだわってもしかたのないことなのです。なぜなら、悟りとはこだわらない自由な境地だからです。

悟りを求める者は、この智慧を得ているので、なんのこだわりもないのです。だから恐怖も生まれません。過去・現在・未来の仏たちも、この智慧によって悟りを得たのです。これこそが、すべての苦悩をとりのぞく真実の言葉なのです。このために、この教えを説いたのです。

さあ、真実の言葉をとなえましょう。「羯諦羯諦《ぎゃーていぎゃーてい》。波羅羯諦《はーらーぎゃーてい》。波羅僧羯諦《はらそうぎゃーてい》」

ここに、こだわりのない〝空〟の境地（涅槃寂静《ねはんじゃくじょう》）が完成します。

修証義

第五章《だいごしょう》 行持報恩《ぎょうじほうおん》

此発菩提心《このほつぼだいしん》、多《おお》くは南閻浮《なんえんぶ》の人身《にんしん》に発心《ほっしん》すべきなり、今是《いまかく》の如《ごと》くの因縁《いんねん》あり、願生此娑婆国土《がんしょうししゃばこくど》し来《きた》れり、見釈迦牟尼仏《けんしゃかむにぶつ》を喜《よろこ》ばざらんや（第26節）。

静《しず》かに憶《おも》うべし、正法世《しょうぼうよ》に流布《るふ》せざらん時《とき》は、身命《しんめい》を正法《しょうぼう》の為《ため》に抛捨《ほうしゃ》せんことを願《ねご》うとも値《お》うべからず、正法《しょうぼう》に逢《あ》う今日《こんにち》の吾等《われら》を願《ねご》うべし、見《み》ずや、仏《ほとけ》の言《のたま》わく、無上菩提《むじょうぼだい》を演説《えんぜつ》する師《し》に値《あ》わんには、種姓《しゅしょう》を観《かん》ずること莫《なか》れ、容顔《ようがん》を見《み》ること莫《なか》れ、非《ひ》を嫌《きろ》うこと莫《なか》れ、行《おこない》を考《かんが》うること莫《なか》れ、但般若《ただはんにゃ》を尊重《そんじゅう》するが故《ゆえ》に、日日三時《にちにちさんじ》に礼拝《らいはい》し、恭敬《くぎょう》して、更《さら》に患悩《げんのう》の心《こころ》を生《しょう》ぜしむること莫《なか》れと（第27節）。

今《いま》の見仏聞法《けんぶつもんぼう》は仏祖面面《ぶっそめんめん》の行持《ぎょうじ》より来《きた》れる慈恩《じおん》なり、仏祖《ぶっそ》若《も》し単伝《たんでん》せずば、奈何《いか》にしてか今日《こんにち》に至《いた》らん、一句《いっく》の恩《おん》尚《な》お報謝《ほうしゃ》すべし、一法《いっぽう》の恩《おん》尚《な》お報謝《ほうしゃ》すべし、況《いわん》や正法眼蔵無上大法《しょうぼうげんぞうむじょうだいほう》の大恩《だいおん》これを報謝《ほうしゃ》せざらんや、病雀《びょうじゃく》尚《な》お恩《おん》を忘《わす》れず三《さん》府《ぶ》の環能《かんよ》く報謝《ほうしゃ》あり、窮亀《きゅうき》尚《な》お恩《おん》を忘《わす》れず、余《よ》不《ふ》の印能《いんよ》く報謝《ほうしゃ》あり、畜類《ちくるい》尚《な》お恩《おん》を報《ほう》ず、人類《じんるい》争《いかで》か恩《おん》を知《し》らざらん（第28節）。

其報謝《そのほうしゃ》は余外《よげ》の法《ほう》は中《あた》るべからず、唯当《ただまさ》に日日《にちにち》の行持《ぎょうじ》、其報謝《そのほうしゃ》の正道《しょうどう》なるべし、謂《いわ》ゆるの道理《どうり》は日日《にちにち》の生命《せいめい》を等閑《なおざり》にせず、私《わたくし》に費《ついや》さざらんと行持《ぎょうじ》するなり（第29節）。光陰《こういん》は矢《や》よりも迅《すみや》かなり、身命《しんめい》は露《つゆ》よりも脆《もろ》し、何《いず》れの善巧方便《ぜんぎょうほうべん》ありてか過《す》ぎにし一日《いちにち》を復《ふた》び還《かえ》し得《え》たる、徒《いたず》らに百歳《ひゃくさい》生《い》けらんは恨《うら》むべき日月《じつげつ》なり、悲《かな》しむべき形骸《けいがい》なり、設《たと》い百歳《ひゃくさい》の日月《じつげつ》は声色《しょうしき》の奴婢《ぬび》と馳走《ちそう》すとも、其中一日《そのなかいちにち》の行持《ぎょうじ》を行《ぎょう》取《しゅ》せば一生《いっしょう》の百歳《ひゃくさい》を行取《ぎょうしゅ》するのみに非《あら》ず、百歳《ひゃくさい》の佗生《たしょう》をも度取《どしゅ》すべきなり、此一日《このいちにち》の身命《しんめい》は尊《とうと》ぶべき身命《しんめい》なり、貴《とうと》ぶべき形骸《けいがい》なり、此行持《このぎょうじ》あらん身心《しんじん》自《みずか》らも愛《あい》すべし、自《みず》からも敬《うやも》うべし、我等《われら》が行持《ぎょうじ》に依《よ》りて諸仏《しょぶつ》の行持見成《ぎょうじげんじょう》し、諸仏《しょぶつ》の大道通達《だいどうつうだつ》するなり、然《しか》あれば即《すなわ》ち一日《いちにち》の行持《ぎょうじ》是《こ》れ諸仏《しょぶつ》の種子《しゅし》なり、諸仏《しょぶつ》の行持《ぎょうじ》なり（第30節）。謂《いわ》ゆる諸仏《しょぶつ》とは釈迦牟尼仏《しゃかむにぶつ》なり、釈迦牟尼仏《しゃかむにぶつ》是《こ》れ即心是仏《そくしんぜぶつ》なり、過去現在未来《かこげんざいみらい》の諸仏《しょぶつ》、共《とも》に仏《ほとけ》と成《な》る時《とき》は必《かなら》ず釈迦牟尼仏《しゃかむにぶつ》と成《な》るなり、是《こ》れ即《そく》心是仏《しんぜぶつ》なり、即心是仏《そくしんぜぶつ》というは誰《たれ》というぞと審細《しんさい》に参究《さんきゅう》すべし、正《まさ》に仏恩《ぶつおん》を報《ほう》ずるにてあらん（第31節）。

【大意】

私たちには、お釈迦さまの教えに出合う機会が与えられています。それを喜ぶべきです。祖師たちがその教えを伝えてきてくれたからです。その恩に感謝するには、一日一日を大切に無心で生きることです。そして、たゆみなく努力することが仏恩に報いる道なのです。

四弘誓願文

衆生《しゅじょう》無《む》辺《へん》誓《せい》願《がん》度《ど》　煩悩《ぼんのう》無《む》尽《じん》誓《せい》願《がん》断《だん》
法門《ほうもん》無《む》量《りょう》誓《せい》願《がん》学《がく》　仏道《ぶつどう》無《む》上《じょう》誓《せい》願《がん》成《じょう》

略三宝

十《じー》方《ほー》三《さん》世《しー》一《いー》切《しー》仏《ふー》　諸《しー》尊《そん》菩《ぶー》薩《さー》摩《もー》訶《こー》薩《さー》
摩《もー》訶《こー》般《ほー》若《じゃー》波《ほー》羅《ろー》蜜《みー》

【現代語訳】

迷いを持つ人は限りなく多いですが、かならず救われるように願います。

煩悩《ぼんのう》は尽きませんが、かならず断ち切れるように願います。

仏さまの教えははかりしれませんが、かならず学べるように願います。

悟りへの道はこのうえなくはるかですが、かならず成し遂げられるように願います。

【現代語訳】

どこでもいつでもいらっしゃる仏さま（＝仏）、諸尊・諸菩薩（＝僧）とともに、真実に目覚める智慧により、やすらぎの世界に至りましょう（＝法）。

第4章

家庭でできる坐禅入門

身体と心の調和をはかる健康法

「坐禅は苦痛に耐える修行」と思っている人が少なくありませんが、そうではありません。誰でも簡単にできます。そして、ほんの一〇分や一五分坐っただけで、呼吸が落ち着き、頭のなかがスッキリとして、身心ともにリフレッシュできます。

坐禅の要点は、「調身《ちょうしん》」「調息《ちょうそく》」「調心《ちょうしん》」にあります。身体を調え、呼吸を調え、心を調えることです。これができると、身体と心が調和し、寂静《じゃくじょう》（身心いっさいの欲望を離れ、静かに悟りを得ようとする境地）がおとずれます。寂静は、健康で快適に過ごすための基本でもあります。

坐禅は、理論より実践。少しぐらい要領がわからなくても、まずは坐禅でもやってみるかという気持ちで坐ってみましょう。

体調のよいときに静かな場所で坐る

坐禅の準備はじつに簡単です。静かで落ち着ける場所を選び、昼は外の光が差し込まないようにし、夜は部屋の明かりを落とします。真っ暗ではなく薄暗い程度がよいでしょう。

●家庭での坐禅の手順

1. 坐る場所に合掌低頭《がっしょうていず》
2. 坐って足を組む（結跏趺坐《けっかふざ》または半跏趺坐《はんかふざ》）
3. 手を組む（法界定印《ほっかいじょういん》）
4. 心を落ち着ける合掌
5. 大きく深呼吸（欠気一息《かんきいっそく》）
6. ウォーミングアップ（左右揺振《さゆうようしん》）
7. 瞑想（法界定印で行なう）
8. 感謝の合掌
9. クールダウン（左右揺振）
10. 足をほどく
11. 坐った場所に合掌低頭

そして、座蒲団を二枚用意します。坐る場所を決めたら、そこに座蒲団を一枚敷き、もう一枚は二つ折りにしてお尻の下にくるように置きます。

服装はできるだけゆったりしたものにします。腹式呼吸をするので、とくに腰まわりはゆとりのあるものを選んでください。靴下やストッキングは脱いで素足になります。時計や装飾品もはずしましょう。

タイマーを用意して、準備は完了です。

坐る時間を決めます。お寺で行なっている坐禅会では三〇分前後が多いようです。家庭で坐る場合は一〇分や一五分でもかまいませんので、毎日つづけたいものです。

調身——正しい姿勢で坐る

坐禅は苦痛であるというイメージがありますが、正しく坐ればけっしてそんなことはありません。むしろ、疲労回復効果がある健康的な姿勢です。

足の組み方は「結跏趺坐《けっかふざ》」と「半跏趺坐《はんかふざ》」があります。結跏趺坐は、お釈迦さまが悟りを開いたときの坐り方です。これが正式ですが、慣れていなかったり、身体がかたくて組めないなどの個人差がありますので、はじめは半跏趺坐でもかまいません。

足を組んだら腰骨を前に押し込むようにし、同時に背筋を伸ばしてあごを引きます。頭のてっぺんが天井から引っ張られているような感じです。組んだ足が土台になり、そこに腰、胴体、頭がのっているという状態を実感できれば、よい組み方になっています。

手は「法界定印《ほっかいじょういん》」という組み方にして、その手を下腹につけ、脇は軽く開きます。

目は「半眼《はんがん》」といって、軽く開け、視線は一メートル先に落とします。見つめてはいけません。

ここまでできたら、一度合掌し、ふたたび手を法界定印にもどします。そして大きくゆっくりと深呼吸を一回します（欠気一息《かんきいっそく》）。

結跏趺坐

ゆるいあぐらの状態から、右足を左の太ももの付け根までしっかりと上げ、次に左足を右の太ももの付け根にのせる

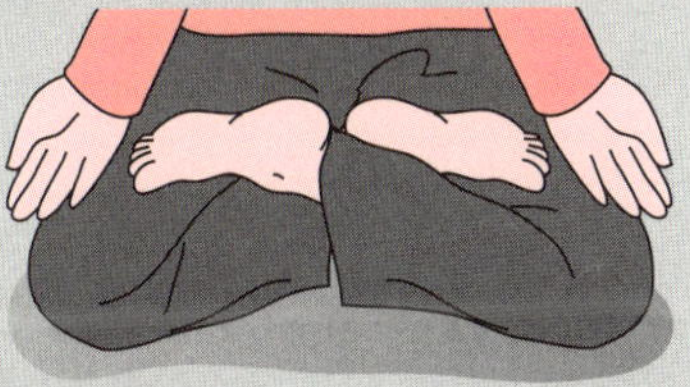

半跏趺坐

右足を左の太ももの下に深く入れ、左足を右の太ももの付け根にしっかりとのせる

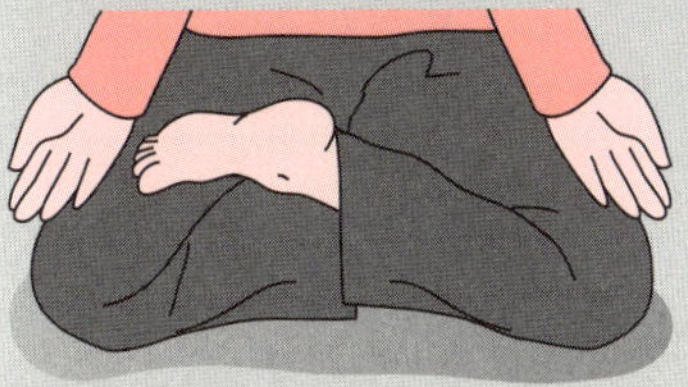

法界定印

組んだ足の上に右手を手のひらを上にして置き、左手も手のひらを上にして右手の上にのせる。そして両手の親指の先を触れさせ、できた輪のなかで卵を軽く握るようなイメージ

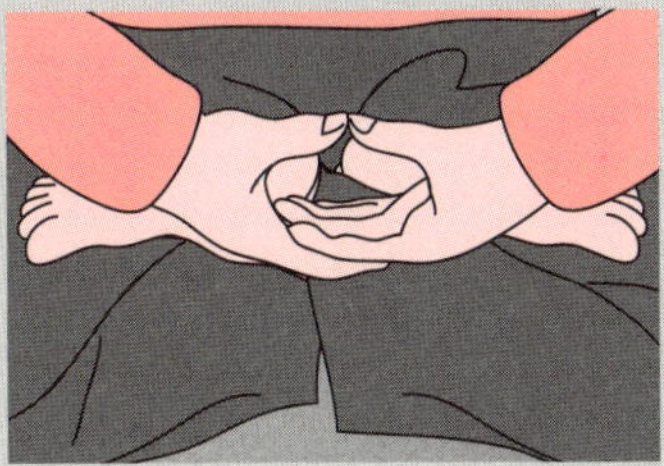

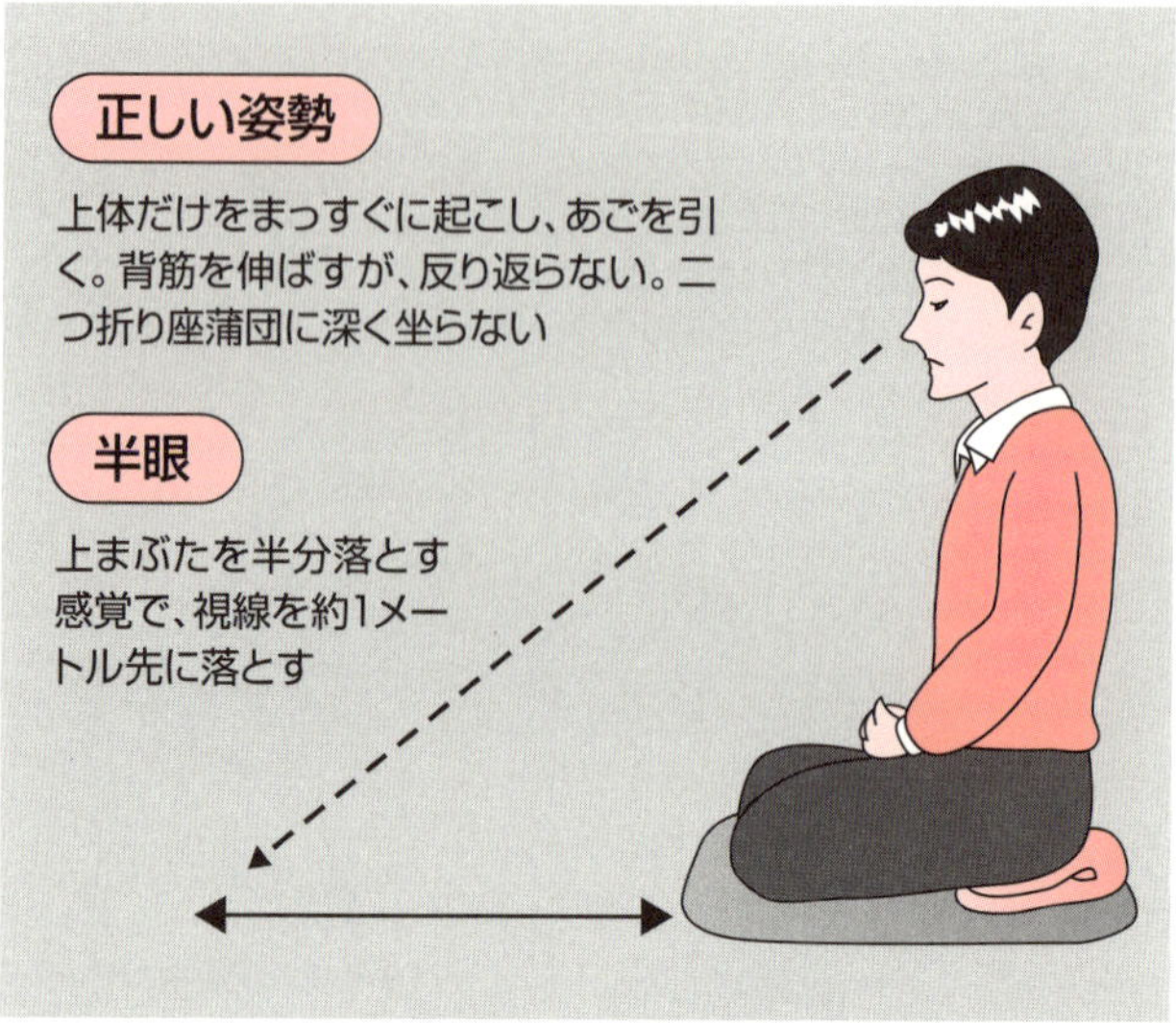
正しい姿勢
上体だけをまっすぐに起こし、あごを引く。背筋を伸ばすが、反り返らない。二つ折り座蒲団に深く坐らない
半眼
上まぶたを半分落とす感覚で、視線を約1メートル先に落とす

そして唇を軽く一文字に引き締め、舌を上の歯ぐきにつけます。

次に手のひらを膝の上にのせ、上体を左右にゆっくりと深く動かして、腰の筋肉を伸ばすウォーミングアップをします（左右揺振《さゆうようしん》）。大きな揺れからだんだん小さくしていき、真ん中で止めます。これで調身は完成です。

調息——下腹を使って呼吸

坐禅での呼吸は腹式呼吸です。下腹で静かにゆっくり、深く呼吸することで全身に酸素が行き渡り、身体のりきみが抜けて精神的に

欠気一息

鼻から深く吸った息を、口を軽く開けて歯のあいだからゆっくりと吐き出す。身体中の古い空気をすべて吐き出すイメージ

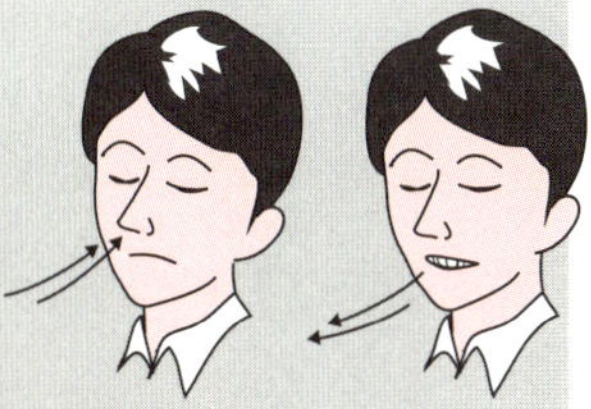

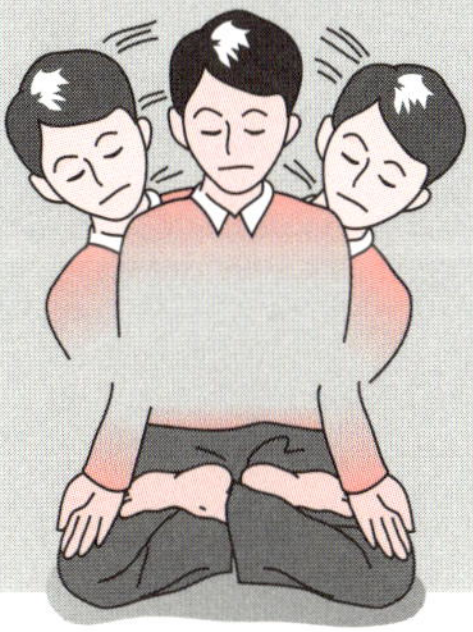

左右揺振

始めるときは大きく、だんだん小さく振る。ゆっくりと動かすことで、だんだん腰が決まってくる。膝が浮かないように注意する。終わるときは小さく、だんだん大きく振る

も落ち着きをとりもどせます。

息は鼻で、吐いて吸います。息を吐ききって、その反動で空気が入ってくる感覚です。一〇秒ぐらいでゆっくりと吐き、五秒ほどで吸います。吸ったときに下腹がふくらめば、よい呼吸です。

調心——何も考えない

調心とは、何も考えないことです。下腹に意識を集中していくと、自然に雑音や雑念がとりはらわれ、〝無〟の状態がやってきます。

つまり、調身と調息が正しくできていれば、

調心は自然にできているわけです。

もちろん、その〝無〟の状態を坐禅開始から終了までつづけることはむずかしいものです。坐禅中に雑念が入り、〝無〟の状態でいられなくなるのは、下腹への集中がおろそかになっている場合が多いようです。ですから、雑念が入ってきたら、これではいけないと思い、いま一度、下腹に意識を集中させます。慣れてくれば集中がつづくようになります。

感謝の合掌で坐禅を終える

坐禅を終了するときは、まず、寂静を喜び、感謝の気持ちを込めて合掌します。

それから左右揺振でクールダウンします。このときは、はじめは小さく揺らし、だんだん大きくしていきます。そして、ゆっくりと足をほどきます。足がしびれているときはすぐに立ち上がるのは危険ですから、しばらくそのままの状態でしびれがおさまるのを待ちます。おさまったら立ち上がり、坐禅の場所に合掌低頭《ていず》して終了します。

坐禅の仕方は、本では説明しきれない部分もありますので、菩提寺《ぼだいじ》の住職に教えていただくことをおすすめします。また、もし菩提寺で坐禅会を開いているようなら、ぜひ参加してみましょう。

第5章

曹洞宗の行事としきたり

❶お寺の年中行事
❷お寺とのつきあい

曹洞宗のお寺の年中行事

第一にお釈迦さまゆかりの行事、次に禅宗の祖師と曹洞宗の両祖をたたえる行事があります。また、地蔵の縁日や稲荷《いなり》大祭など諸仏諸尊をまつる行事、お彼岸《ひがん》やお盆など仏教各宗派に共通した季節の行事があります。

曹洞宗の行事の特徴は、作法が重視され、全員でそろってお経をとなえたり、行動することが多いことです。お寺の行事に参加する際には、数珠《じゅず》、経本、布施などを忘れずに持参したいものです。

曹洞宗第一の行事成道会

お釈迦さまの悟りをたたえる儀式です。

お釈迦さまは難行苦行を六年間もつづけましたが悟りを得ることはできませんでした。その後、菩提樹《ぼだいじゅ》の下で坐禅をし、一二月八日に暁《あかつき》の明星《みょうじょう》を見て悟りを開いたのです。

そこで曹洞宗のお寺では、一二月一日から八日の朝まで、昼夜寝ずに坐禅をします。これを「臘八大摂心《ろうはつだいせっしん》」といいます。

八日の朝には昆布・串柿《くしがき》・青菜などを入れた臘八粥《ろうはつがゆ》をいただきます。そして「出山仏《しゅっさんぶつ》」

と呼ばれる、お釈迦さまが修行を成就して坐を立ち上がった姿を描いた掛軸を本堂にかけて法要が行なわれます。

修行僧とともに厳しい臘八大摂心に参加する篤信《とくしん》の檀信徒《だんしんと》も多数います。

お釈迦さまの逝去をしのぶ涅槃会

仏教の開祖であるお釈迦さまは二月一五日、インドのクシナガラの地で八〇年の生涯を閉じました。仏教各寺院では、臨終の光景を描いた「涅槃図《ねはんず》」を掲げ、お釈迦さまの徳をたたえて法要を行ないます。

「花まつり」として知られる釈尊降誕会

四月八日、お釈迦さまはルンビニー（現ネ

パール）の花園で誕生直後すぐに七歩あゆみ、天と地を指さして「天上天下唯我独尊《てんじょうてんげゆいがどくそん》」（この世は「我」こそ尊い）と、高らかに救世主としての宣言をしました。それを見た梵天《ぼんてん》と帝釈天《たいしゃくてん》が天から甘露《かんろ》（不死の飲料）をそそいでお祝いしたといわれています。

それにならって仏教各寺院では、花御堂《はなみどう》にまつられた誕生仏に甘《あま》茶《ちゃ》をそそいでお祝いするので「灌《かん》仏会《ぶつえ》」ともいいます。

禅宗の祖師に感謝する 達磨忌・百丈忌

一〇月五日は、インドから中国に禅宗を伝えた達磨大師《だるまだいし》の祥月命日《しょうつきめいにち》です。お釈迦さまから二八代目にあたり、一五〇歳まで生きたともいわれています。

曹洞宗に限らず禅宗寺院では達磨の絵像を掲げて法要が行なわれます。供物《くもつ》を捧《ささ》げ、香《こう》を献じて全員で九回礼拝《らいはい》する「伝供焼香礼拝《でんぐしょうこうらいはい》」という作法が中国的な儀式です。

一月一七日は、中国禅宗の高僧で禅院の生活規則をはじめて定めた百丈《ひゃくじょう》の祥月命日です。

道元禅師の誕生を祝う 高祖降誕会

曹洞宗を開いた道元《どうげん》は、法統の祖として「高祖《こうそ》」と敬われています。道元が誕生した一月二六日に法要が行なわれます。

瑩山禅師の誕生を祝う 太祖降誕会

曹洞宗発展の礎を築いた瑩山《けいざん》は、寺統の祖として「太祖《たいそ》」と敬われています。瑩山が誕生した一一月二一日に法要が行なわれます。

両祖の逝去をしのぶ 両祖忌

道元は一二五三年八月二八日に五四歳で亡くなり、瑩山は一三二五年八月一五日に五八歳で亡くなりました。祥月命日が新暦ではともに九月二九日にあたることから、この日に両祖をしのんで法要が行なわれます。

道元は、孝明天皇から「仏性伝東国師《ぶっしょうでんとうこくし》」、明治天皇から「承陽大師《じょうようだいし》」の諡号《しごう》を賜っています。また瑩山は、後村上天皇から「仏慈禅師《ぶつじぜんじ》」、後桃園天皇から「弘徳円明国師《こうとくえんみょうこくし》」、明治天皇から「常済大師《じょうさいだいし》」の諡号を賜っています。

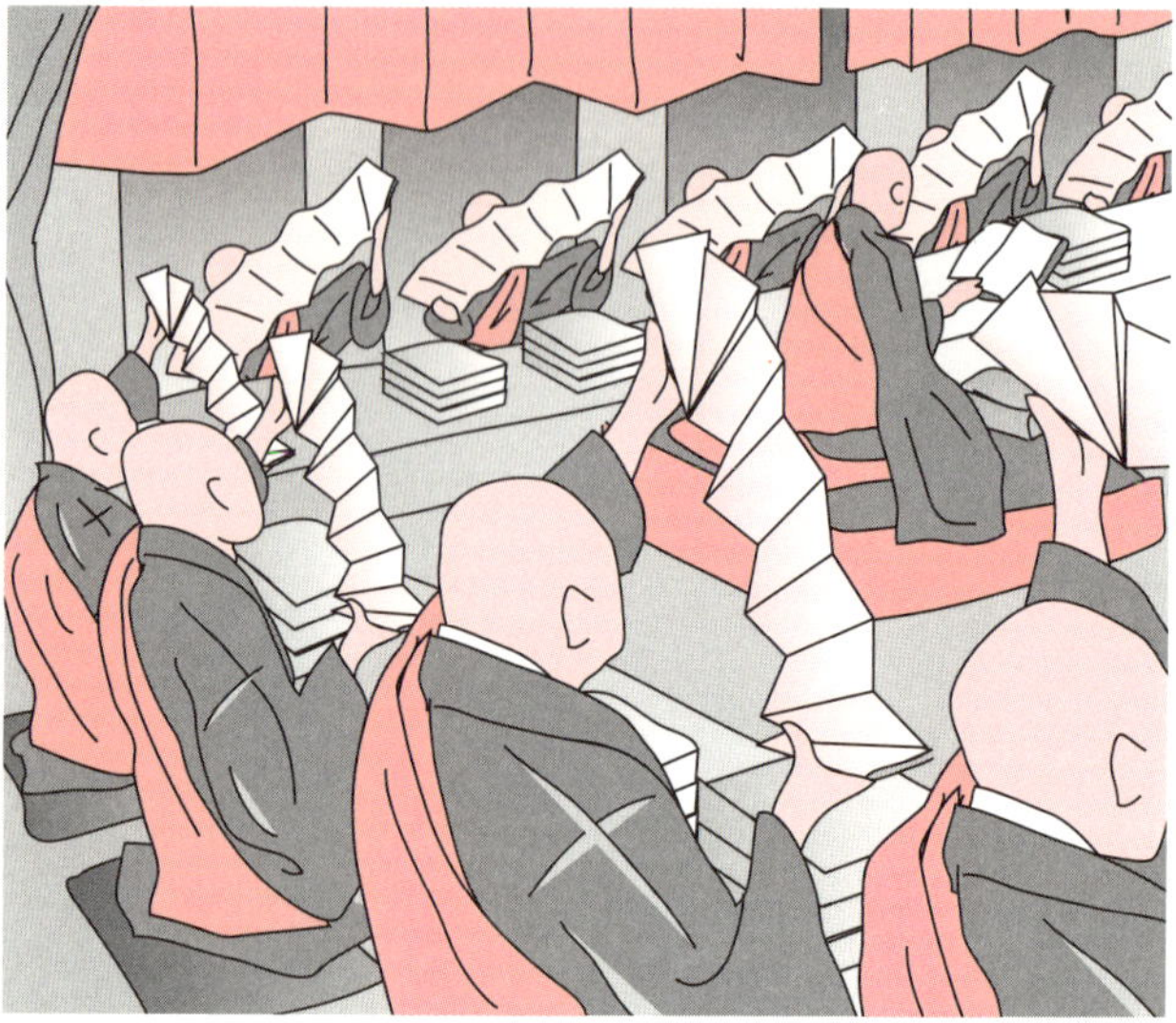

一年の幸せを祈念する行事
修正会

仏教各寺院では、年頭に思いを新たにして、正しきを修めるという意味で法要が行なわれます。

曹洞宗では大般若会《だいはんにゃえ》が行なわれるのが特徴です。大勢の僧侶が六〇〇巻の『大般若経《だいはんにゃきょう》』を転読しているあいだに、導師が「理趣分《りしゅぶん》」と呼ばれる巻を読み上げます。転読というのは経本をパラパラとめくって風をおこすことで、清めの意味があります。これによって檀信徒の幸せや国家安全などを祈念するわけです。

春と秋の仏教週間
彼岸会

年二回、春分の日と秋分の日を中日とするそれぞれ七日間を「お彼岸《ひがん》」といいます。

彼岸は、古代インドのサンスクリット語の「パーラミター」（漢語に音写すると「波羅蜜《はらみ》多《た》」）を漢語に訳した「到彼岸《とうひがん》」の略で、「迷いの世界（此岸《しがん》）から悟りの世界（彼岸）へ到る」という意味です。

悟りへの道は、布施《ふせ》・持戒《じかい》・忍辱《にんにく》・精進《しょうじん》・禅定《ぜんじょう》・智慧《ちえ》の六波羅蜜を実践することです。

布施とは人に施すこと（87頁参照）、持戒は戒律を守って生きること、忍辱は耐え忍ぶこと、精進は努力すること、禅定は心を落ち着けること、そして智慧とは、以上の実践によって物事の道理を知ることです。

お彼岸は、こうした教えを実践する仏教週間なのです。

先祖の冥福を祈る行事
盂蘭盆会

七月または八月の「お盆」のこと。お釈迦さまの弟子の目連《もくれん》が餓鬼道《がきどう》に堕《お》ちた母親を救うため、仏弟子たちに飲食《おんじき》を供養したという『盂蘭盆経《うらぼんきょう》』に由来しています。

お盆には、精霊棚《しょうりょうだな》（盆棚）をつくって先祖の位牌《いはい》をまつり、供物で飾って霊供膳《れいぐぜん》をそなえます。先祖の霊を乗せるためにナスやキュウリで牛や馬をつくり、道に迷わないように迎え火や送り火をたく風習があります。精霊流しを行なう地域もあります。

また、「棚経」といって菩提寺《ぼだいじ》の僧侶が檀家《だんか》をまわって読経します。その際には、家族も一緒におつとめするようにしましょう。

慈悲の心を養う行事
施餓鬼会

曹洞宗などのお寺ではお盆の行事の一環として、無縁の精霊を供養する施餓鬼会《せがきえ》が行なわれます。これは、お釈迦さまの弟子の阿難《あなん》が餓鬼道に堕ちるところを救われたという『救抜焔口餓鬼陀羅尼経《くばつえんくがきだらにきょう》』に由来しています。「施食会《せじきえ》」ともいい、飢えた魂に供養することは、いま生きている私たちができる善行です。同時に私たちは、財産などに対する執着の心から少しでも離れて、お互いに分け合って生きていく姿に目覚めたいものです。

菩提寺を新たに探すときの心得

曹洞宗では、家の宗教として信仰している方も個人の信仰者も含めて「檀信徒」と呼んでいます。なお、檀信徒から見て、所属しているお寺が「菩提寺」です。

引っ越しなどにより、近くに菩提寺を持ちたい場合、郷里に菩提寺があれば、紹介してもらうのがいちばんです。

急に死亡者が出て、菩提寺に無断で葬儀をしてもらったりすると、同じ宗派であっても、二重に布施を納めることになったりトラブルのもとです。菩提寺を変えるときは、話し合いのうえできちんと過去帳の移動をします。

布施は僧侶への報酬ではない

お寺の行事に参加するときは布施を持参します。布施には、教えを説く「法施《ほうせ》」、金品を施す「財施《ざいせ》」、畏怖《いふ》を取り去る「無畏施《むいせ》」があります。つまり、僧侶も檀信徒もお互いに自分ができることをさせていただくということです。ですから、金封の表書きは「御経料」「回向料《えこうりょう》」「御礼」ではなく、「御布施」「志」などとします。

仏弟子となる儀式
在家得度式

得度《とくど》とは本来、髪をそって僧になることですが、ここでいう「在家得度」というのは、「社会生活をつづけながら可能な範囲で仏道生活を行なっていきたい」という篤信の檀信徒に対して、仏弟子としての名前である戒名《かいみょう》を与えるものです。

菩提寺の住職などが戒師となり、懺悔《さんげ》、剃《てい》髪《はつ》（形だけ行なう）ののち、戒法（十六条戒）を受け、お釈迦さまから連なる血脈《けちみゃく》、戒名を授けられ、絡子《らくす》や輪絡子《わらくす》が授与されます。

仏弟子としての生き方を学ぶ
授戒会

授戒会《じゅかいえ》は、在家得度式と同様に、仏教徒としてお釈迦さまから代々相承されてきた戒法（十六条戒）を守って生きていくことを誓う儀式です。

戒を授ける人を「戒師」、戒を受ける人を「戒弟《かいてい》」といいます。したがって、「授戒」とは戒師からの言葉であり、戒弟からいうと「受戒」ということになります。

曹洞宗の大本山である永平寺《えいへいじ》と總持寺《そうじじ》では、毎年四月ころ一週間にわたって授戒会が行なわれます。この間、全国から集まった檀信徒が修行僧とともにお寺にこもって、坐禅、礼拝、読経、法話、生活作法などを学んだのち、五日目に懺悔の儀式、六日目に戒法を受け、そして七日目に血脈などをいただきます。

大本山以外でも、小規模な授戒会として、法脈会《ほうみゃくえ》（三日ないし五日間）や因脈会《いんみゃくえ》（一日間）が行なわれますが、不定期で数年に一度ということもあります。受戒は一度だけとは限りません。機会があったら、ぜひ参加したいものです。

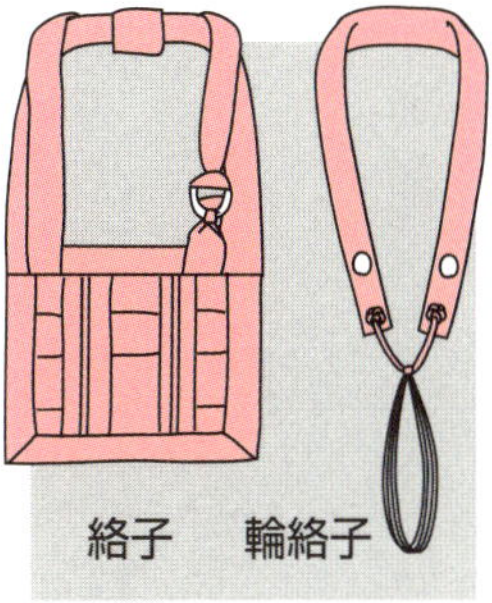

●十六条戒

三帰戒《さんきかい》

- ▼仏《ぶつ》・法《ぼう》・僧《そう》の三宝《さんぼう》に帰依《きえ》する

三聚浄戒《さんじゅじょうかい》

- ▼摂律儀戒《しょうりつぎかい》（いっさいの悪を防ぐ）
- ▼摂善法戒《しょうぜんぼうかい》（進んで善を行なう）
- ▼摂衆生戒《しょうしゅじょうかい》（人々を教え導き、利益を施す）

十重禁戒《じゅうじゅうきんかい》

- ▼不殺生戒《ふせっしょうかい》（生き物を殺さない）
- ▼不偸盗戒《ふちゅうとうかい》（盗みをしない）
- ▼不貪婬戒《ふとんいんかい》（みだりに求めない）
- ▼不妄語戒《ふもうごかい》（うそをつかない）
- ▼不酤酒戒《ふこしゅかい》（酒におぼれない）
- ▼不説過戒《ふせっかかい》（他人の過ちを責めない）
- ▼不自讃毀他戒《ふじさんきたかい》（自慢や他人の悪口をいわない）
- ▼不慳法財戒《ふけんほうざいかい》（施しを惜しまない）
- ▼不瞋恚戒《ふしんいかい》（怒りやうらみを持たない）
- ▼不謗三宝戒《ふぼうさんぼうかい》（お釈迦さまの教えを疑わない）

お寺の文化講座に参加しよう

曹洞宗のお寺では、坐禅会をはじめ、写経、写仏、仏典の勉強会、精進料理教室、梅花流詠讃歌講などの文化講座が行なわれています。こうした会をきっかけに仏教の教えに親しむのもよいものです。

全国規模で行なわれている梅花流詠讃歌講

仏教各宗派には、仏の教えや祖師の徳をたたえる御詠歌（仏讃歌）が伝わり、さまざまな仏事の際に鈴鉦《れいしょう》を用いて詠唱されます。

梅花流詠讃歌というのは、一九五二年の道元禅師七〇〇回遠忌《おんき》を機会にできた曹洞宗の御詠歌です。全国規模で組織され、現在は五〇〇〇講、講員は三〇万人を超しており、地区大会や全国大会も行なわれています。また、月一回以上学習し、検定試験を受けて昇級してくシステムが、講員の励みとなっています。

第6章 曹洞宗のお葬式

❶ 葬儀の意義
❷ 臨終から納棺
❸ 通夜・葬儀
❹ 火葬から還骨・精進落とし

曹洞宗の葬儀は生死の決着

愛する家族を亡くすことはとてもつらいことです。お釈迦さまは、これを「愛別離苦《あいべつりく》」といって、人生において避けては通れない苦しみのひとつであると教えています。

遺《のこ》された人は、亡き人に対して、こうしてあげればよかった、もっと何かできたのではないかと後悔することもあるでしょう。

しかし、人間は悲しみに涙したとき、はじめて真実が見えてくるものです。

お釈迦さまは、「すべてのものは絶えず変化し（諸行無常《しょぎょうむじょう》）、何一つ独立して存在するものはない（諸法無我《しょほうむが》）。その現実をしっかり見つめ、正しい生き方をすれば、やすらかな気持ちになれる（涅槃寂静《ねはんじゃくじょう》）」と説いています。遺された人が嘆《なげ》き悲しんでばかりいれば、亡き人も悲しいはずです。それに気づいて、人生の無常を自覚し、自分の残された人生を悔いなく生きることが亡き人の願いなのです。

曹洞宗の葬儀は、住職が橋渡し役（導師）となって故人を悟りの世界（浄土）へ導く儀式が中心になります。これを「引導《いんどう》を渡す」といいます。故人が生前に戒名《かいみょう》をいただいていない場合は、その前に授戒を行ないます。

他宗の葬儀でも授戒・引導の儀式が行なわれますが、引導法語をとなえるようになったのは禅宗がはじまりです。

引導法語の内容は「生も死も〝空《くう》〟という真実のなかの出来事であるから自然にまかせよう」というもので、最後に「喝《かつ》」や「露《ろ》」などと一声するのが特徴的です。

さらに「チン・ドン・ジャラン」と、鉦《かね》や太鼓、鐃鈸《にょうはち》（シンバルのような楽器）を打ち鳴らして諸仏を招き、仏弟子となった故人を、この演奏で諸仏と一緒に送り出します。

したがって曹洞宗で葬儀を行なうということは、故人の冥福《めいふく》を祈るとともに、遺族が〝空〟の教えをよりどころとしていく出発点でもあるわけです。

告別式は宗教儀礼ではない

一般に、故人との最後のお別れの儀式を「葬儀告別式」と呼んでいますが、葬儀と告別式は意味がちがうものです。

葬儀は近親者による宗教儀礼です。いっぽう告別式は、友人や知人、会社関係など社会的な必要で行なわれるものです。

最近では、葬儀は近親者だけで行ない、後日に一般の方を招いて宗教色抜きの「お別れの会」を開くというやり方も増えています。

まず、お寺に連絡
そのあとで葬儀社へ

現在は病院で亡くなることがほとんどです。医師から臨終を宣告されたら、近親者と、故人ととくに親しかった人に連絡します。

臨終の際に「末期《まつご》の水」といって、口に水を含ませる風習がありますが、現在は死亡直後に病院で用意してくれますので近親の順番に行ないます。その後、看護師が遺体の処置(清拭《せいしき》)を行ない、霊安室に安置します。

家族は、菩提寺《ぼだいじ》の住職にすぐに連絡し、枕経、通夜・葬儀のお願いをします。葬儀社にはそのあとで連絡します。

この順番を間違うと、トラブルになることがあります。菩提寺が遠い場合でも住職が来てくれる場合もありますし、もしくは近くのお寺を探してくれます。お寺とのつきあいがないときは、年長の親族に宗派を確かめて、本山や宗務所から近くのお寺を紹介していただきます。

また、葬儀社が決まっていない場合には、病院が出入りの葬儀社を紹介してくれますので、遺体をいったん自宅に運んでもらい、その後、葬儀社を変更することもできます。

通夜・葬儀の日程が決まったら、知らせるべきところに連絡します。

遺体の安置と枕飾り

遺体は仏間か座敷に安置します。

このとき、できれば頭を北にします。これは「北枕《きたまくら》」といって、お釈迦さまが亡くなるとき、頭を北にし、顔を西に向けて横たわったという故事にちなんでいます。

遺体の両手を胸の上で組み合わせて数珠《じゅず》を持たせ、薄手の掛け布団をかけます。そして顔を白い布でおおいます。

神棚があれば、死のけがれを忌《い》む意味で、四十九日《しじゅうくにち》の満中陰《まんちゅういん》（112頁参照）まで白紙を貼ります。同様に、仏壇の扉も閉じておく地域もありますが、仏壇は本尊をおまつりしているので開けておくのが本来です。その場合、華瓶《けびょう》（50頁参照）も樒《しきみ》などの青木に替えます。

故人の枕元に枕飾りを調えて、住職に枕経（臨終諷経《りんじゅうふぎん》）をしていただきます。

枕経には、お釈迦さまが臨終間際に説いた『仏遺教経《ぶつゆいきょうぎょう》』が読まれ、『舎利礼文《しゃりらいもん》』がとなえられます。遺族は地味な服装で住職の後ろにすわり、おつとめします。しかし最近は、通夜と一緒に行なうことが多いようです。

故人が生前に在家得度式や授戒会《じゅかいえ》（88頁参照）を受けておらず、戒名をいただいていない場合は、枕経のあとで住職にお願いします。

●枕飾り

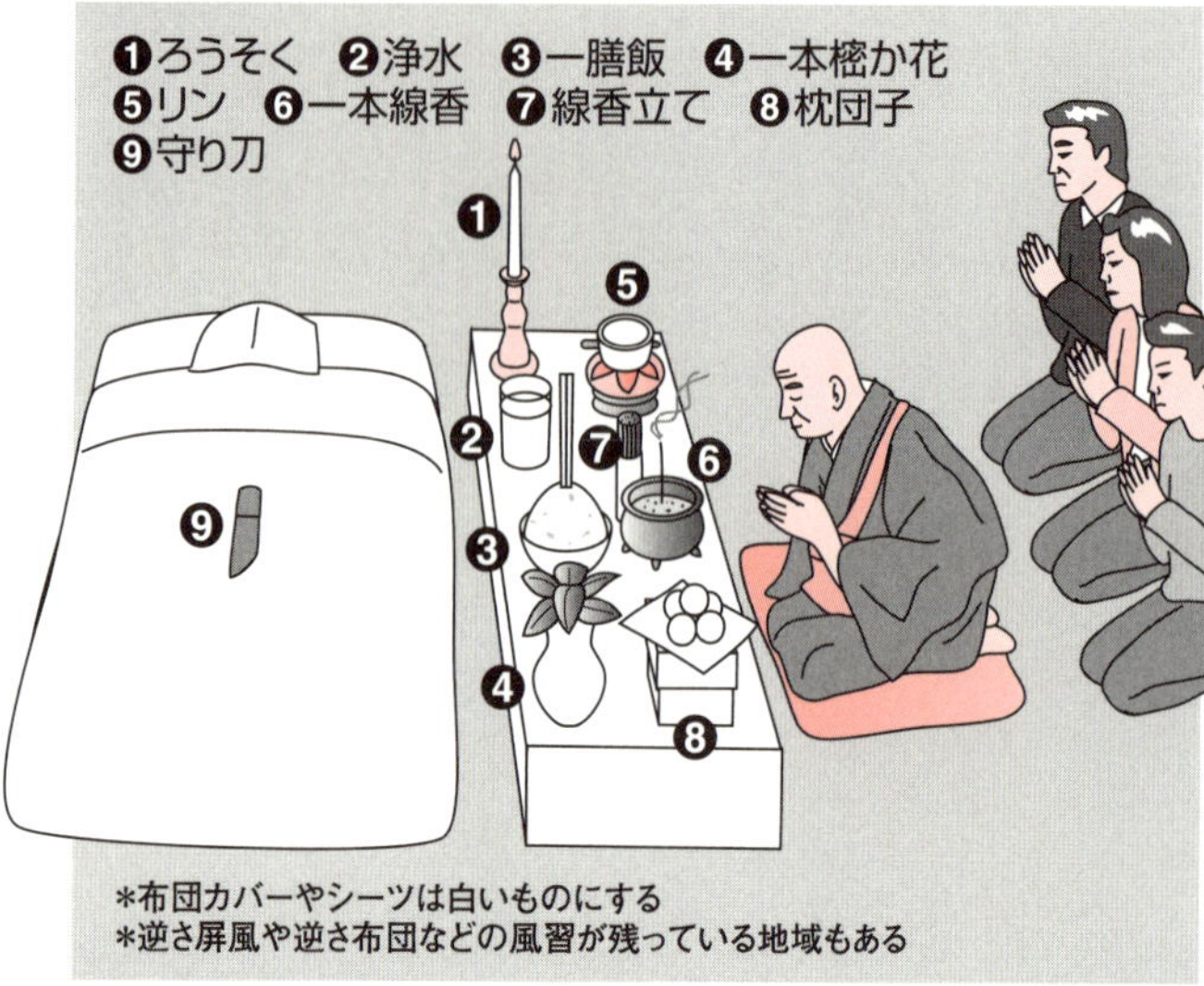

＊布団カバーやシーツは白いものにする
＊逆さ屏風や逆さ布団などの風習が残っている地域もある

湯灌を行ない死装束をつける

枕経のあと、湯灌《ゆかん》を行ない、棺《ひつぎ》に納めます。湯灌とは、遺体を湯で拭《ふ》いて清めることです。男性なら髭《ひげ》をそり、女性なら薄化粧をします。そして、経帷子《きょうかたびら》を左前に着せ、手甲《てっこう》、脚絆《きゃはん》、わらじといった「死装束《しにしょうぞく》」をつけます。

死装束は本来、巡礼の装束で、「死者は四十九日の冥土《めいど》の旅に出て行き先が決まる」という冥界《めいかい》思想によるものです。六文銭《ろくもんせん》が入った頭陀袋《ずだぶくろ》を持たせるのは、三途《さんず》の川の渡し賃であるといわれています。

このときはまだ釘《くぎ》を打たずに蓋《ふた》をして、棺の上に棺掛《かんがけ》（正式には七条袈裟《しちじょうげさ》）をかけて祭壇に安置します。

●死装束

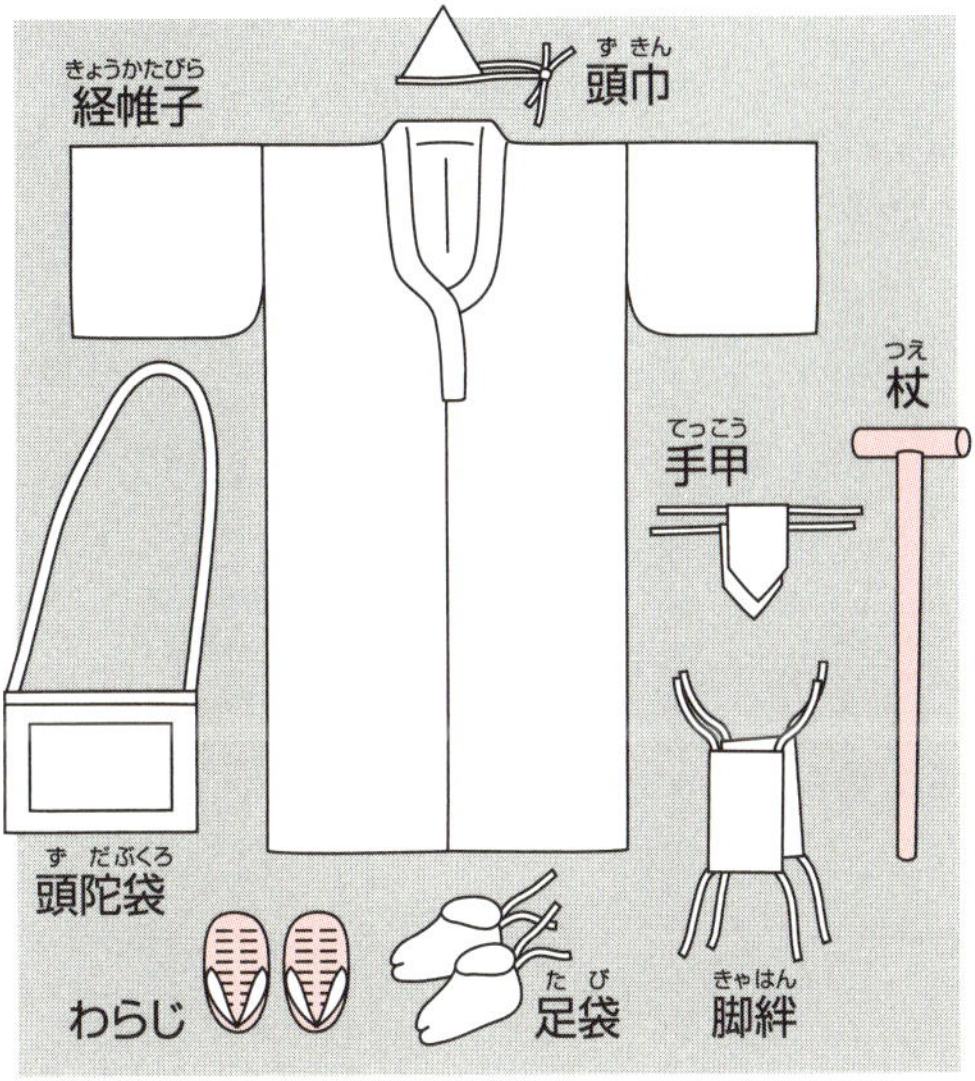

祭壇を準備する

最近では、通夜・葬儀を葬儀場で行なうケースが増えています。

葬儀社に頼めば、祭壇などすべて用意してくれますが、曹洞宗の作法とちがう場合もあるので住職に見てもらい、ちがっているところは正します。喪主は、弔問者からの供花《くか（くげ）》を故人との関係や役職を考慮して並び替えます。

また、住職が通夜または葬儀までに戒名を白木《しらき》の位牌《いはい》に書いてくださるので、祭壇におまつりします。

いまは半通夜が主流

「遺族や親族、故人と縁のあった人たちが集まって葬儀まで静かに遺体に付き添う」というのが、通夜の本来の意味です。

灯明《とうみょう》や線香を絶やさないように寝ずの番をする「夜とぎ」の風習が残っている地域もありますが、最近では夜六時ごろから二、三時間で終わる「半通夜」が主流になっています。

それは、葬儀に参列できない人が通夜に参列するようになったことと、遺族も翌日の葬儀にそなえて休むようになったためです。

読経中は静かに仏法に耳を傾ける

曹洞宗では、通夜の読経を「逮夜諷経《つやふぎん》」といいます。檀信徒《だんしんと》は経本を持参し、拝読されるお経が『修証義《しゅしょうぎ》』（63・68頁参照）であれば、導師とともに唱和します。

導師の焼香につづいて、喪主、遺族、親族、弔問客の焼香となります。

そのあいだ、導師の読経がつづいていますが、しばしば、焼香を終えた遺族の方たちが入口の近くに行って、弔問客一人ひとりに頭を下げている姿が見受けられます。

●通夜の進行例

①弔問客の受付	式の30分前から受付をはじめる
②導師（僧侶）をお迎えに行く	葬儀壇の荘厳を確認していただき、控室に案内する。帰りもお送りする
③参列者一同着席	喪主や遺族、親族は、弔問客よりも先に着席しておく
④導師（僧侶）入場	一同、黙礼で導師を迎える
⑤通夜諷経（読経）・焼香	『修証義』『大悲心陀羅尼』『観音経』などが拝読される。導師の焼香後、喪主、遺族、親族、弔問客の順に焼香を行なう
⑥通夜説教	省略されることもある
⑦導師（僧侶）退場	一同、黙礼で導師を見送る
⑧喪主のあいさつ	喪主に代わって、親族の代表があいさつすることもある
⑨通夜ぶるまい	導師が辞退されたときは、折詰をお寺に持参するか、「御膳料」を包む。弔問客は長居をせずに係から会葬御礼を受け取って帰る

●焼香の作法

①数珠を左手に持って進み、導師に一礼したのち、本尊に合掌礼拝する

▼

②香を右手でつまんで左手をそえ、額にささげてから香炉に入れる
（二回行なう場合、従香は額にささげない）

▼

③本尊に合掌礼拝したのち、導師に一礼し、自分の席にもどる

＊式場がせまいときは「回し焼香」といって、香炉を順に送って自分の席で焼香する

通夜は弔問客とあいさつを交わす場ではありません。これは葬儀においてもいえることです。弔問客が多い場合には焼香が済んだ方から退席するよう指示される場合もありますが、ふつうは読経や焼香が続いているあいだに参列者が退席するのは大変失礼なことです。

参列者は焼香を終えたら静かに席にもどり、仏法に耳を傾けてもらいたいものです。

曹洞宗の焼香は二回が多い

曹洞宗の焼香の回数はお寺によってさまざまですが、二回のところが多いようです。

一回目が故人の冥福を祈って行なう「主香」であり、二回目は主香が消えないように抹香を補う意味なので「従香」といいます。

しかし、弔問客の人数や時間の関係で一回で済ませたほうがよい場合もあります。焼香は回数の問題ではなく、真心を込めて行なうことが大切です。

曹洞宗の葬儀は引導法語が中心

曹洞宗の檀信徒の通夜・葬儀は通常、儀式を執り行なう導師、侍者《じしゃ》、鳴らしものなどさまざまな役目を担当する用僧《ようそう》と呼ばれる僧侶によって進められます。

曹洞宗の葬儀は前述のとおり、引導を渡す儀式が中心となります（92頁参照）。

戒名は仏弟子の証

曹洞宗の戒名は、道号・戒名・位号で構成されています。道号は故人の徳をあらわし、戒名は仏弟子としての名前です。道号と戒名は経典などを参考に対句でまとめられ、俗名《ぞくみょう》の一字を入れることもあります。

一般の檀信徒の位号は「信士《しんじ》」「信女《しんにょ》」です。「童子《どうじ》」「童女《どうにょ》」は一五歳未満をあらわし

11 **読経・焼香**
導師が十仏名をとなえ、『修証義』『観音経』などを読経中に、喪主、遺族、親族、一般会葬者の順に焼香を行なう。終わったら導師が回向文をとなえる

▼

12 **導師（僧侶）退場**
椅子席の場合は起立して、座敷の場合は正座で軽く頭を下げて僧侶を送る

▼

13 **閉式の辞**

▼

14 **最後の対面**
近親者と、故人ととくに親しかった人たちが故人と最後のお別れをする

▼

15 **出棺・喪主のあいさつ**
喪主に代わって、親族の代表があいさつすることもある。一般の会葬者は合掌して出棺を見送り、係から会葬御礼を受け取って帰る

●曹洞宗の戒名

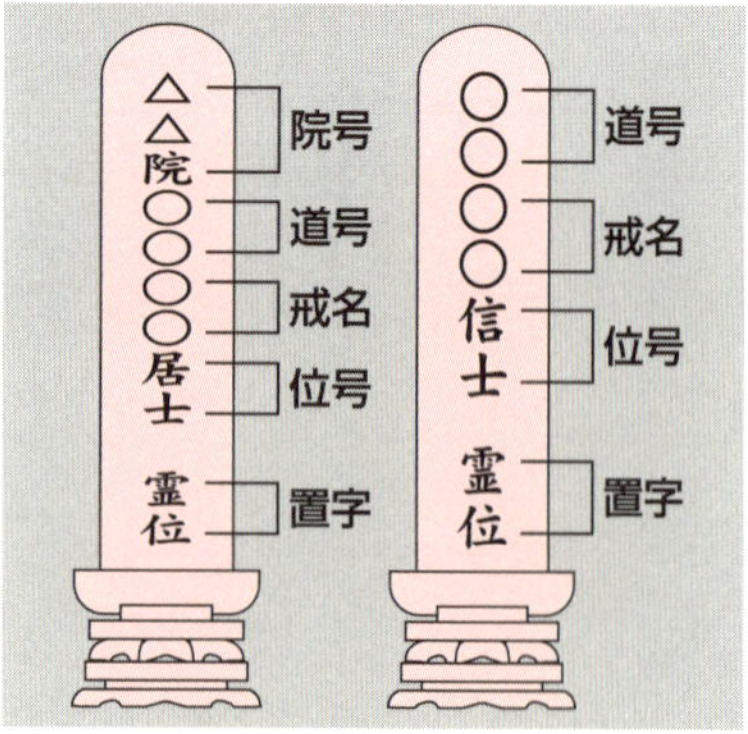

ます。そして「嬰児《えいじ》」「嬰女《えいにょ》」と「孩児《がいじ》」「孩女《がいにょ》」は乳児や幼児に、「水子《すいし》」は死産の胎児につけられる位号で、道号はつけません。

また、参禅して高い境地に達した在家には「禅定門《ぜんじょうもん》」「禅定尼《ぜんじょうに》」の位号が与えられます。

なお、宗門やお寺のために尽くした篤信《とくしん》の檀信徒には「居士《こじ》」「大《たい》姉《し》」の位号と、院号が冠されます。

●葬儀告別式の進行例

1	会葬者の受付	式の30分前から受付をはじめる
2	導師（僧侶）をお迎えに行く	通夜同様、控室に案内する。帰りもお送りする
3	参列者一同着席	喪主、遺族、親族は、一般の会葬者よりも先に着席しておく
4	導師（僧侶）入場	椅子席の場合は起立して、座敷の場合は正座で軽く頭を下げて僧侶を迎える
5	開式の辞	葬儀社の担当者が司会をつとめることが多い
6	剃髪・授戒	生前に戒名をいただいていない場合に行なわれる
7	内諷経《うちふぎん》[入龕諷経《にゅうがんふぎん》・龕前念誦《がんぜんねんじゅ》（大夜念誦《たいやねんじゅ》）・挙龕念誦《こがんねんじゅ》]	剃髪・授戒・内諷経までを通夜で行なうこともある。『大悲心陀羅尼』『舎利礼文』などが読まれる
8	引導法語	導師が松明（土葬の場合はクワ）を持って空中に円を描いたのち、故人を悟りの世界へ導く言葉を述べ、喝を入れる
9	弔辞拝受・弔電代読	読み終えた弔辞や弔電は祭壇にそなえる。弔電拝読は焼香後に行なわれることもある
10	山頭念誦《さんとうねんじゅ》	山頭は「お寺」を意味する。故人の冥福を祈念してとなえる

最後の対面をし、出棺する

近親者と、故人ととくに親しかった人たちは故人と最後の対面をします。

棺を祭壇から下ろして蓋を開け、各自が生花（花の部分だけ）で遺体の周囲を飾り、合掌してお別れをします。その後、喪主から血縁の順に棺の頭のほうから釘を打ちます。

そして、近親者らの手によって棺を霊柩車《れいきゅうしゃ》に運び、喪主または親族の代表者が出棺を見送る一般の会葬者の前で会葬御礼のあいさつをして葬儀告別式を終了します。

香典は「御香資」か「御霊前」とする

香典とは本来、「香をそなえる」ことですが、次第に香を買う代金として、お金を包むようになりました。ですから表書きは「御香《ごこう》資《し》」とします。また、市販の不祝儀袋を用いる場合は「御霊前《ごれいぜん》」とします。通夜と葬儀告別式の両方に参列する場合、香典は通夜に持参するとよいでしょう。参列しないときは遅くとも四十九日の満中陰までに届けます。

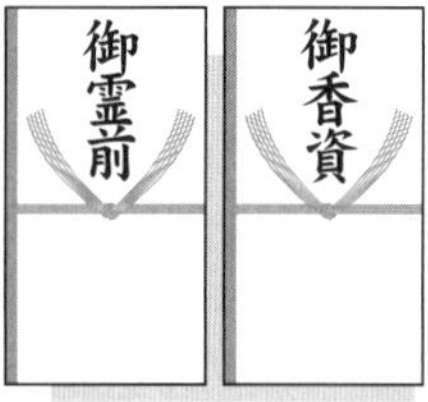

火葬とお骨あげ

火葬場へ向かうときは、住職を先導に、喪主が白木の位牌を持ち、他の遺族が遺影《いえい》を持って、棺、親族がつづきます。

棺はかまどの前に安置されます。小さな台の上には燭台《しょくだい》と香炉が用意されていますので、白木の位牌と遺影を置きます。

故人と、本当の意味での最後の対面をして、棺をかまどへ納めます。このとき、住職にお経をあげていただき、全員で焼香します。

火葬の時間は施設によってちがいますが、だいたい一時間前後です。そのあいだ、控室で茶菓や飲み物をとりながら待ちます。

遺骨を拾って骨壷《こつつぼ》に収めることを「収骨」（拾骨）や「お骨あげ」といいます。お骨あげの連絡を受けたら、かまどの前に行きます。

火葬場の係員の指示にしたがって全員で順番に骨壷に収めます。そのとき二人一組になって竹の箸《はし》などでお骨をはさんで拾う「箸渡し」の風習は三途の川を渡してあげる橋渡しの意味からきているようですが、いまはこだわらないようです。

最後に係員が骨壷を白木の箱に入れて白布で包んでくれますので、喪主が骨箱《こつばこ》を持ち、他の遺族が位牌と遺影を持って家に帰ります。

中陰壇の前で還骨の読経をする

火葬のあいだに自宅に遺骨を迎える準備をするため、親族のなかから留守番の人を残しておきます。

留守番の人は、四十九日の満中陰までまつる中陰壇《ちゅういんだん》を仏壇の前に用意します。仏壇がない部屋では本尊をまつります。そして、玄関や門口に清めのための塩を小皿に盛り、ひしゃくと水を用意します。

火葬場から帰った人は、塩を胸や背中にふり、留守番をしていた人にひしゃくで水を手にかけてもらい、清めます。

中陰壇に遺骨を安置し、住職に還骨《かんこつ》の読経をしていただきます。これを「安位諷経《あんいふぎん》」といいます。遺族らは住職の後ろにすわって焼香します。最近では、つづけて初七日《しょなぬか》法要をすることも多くなっています。これを「繰り上げ初七日」といいます。

●中陰壇

●精進落とし（お斎）の席次の例

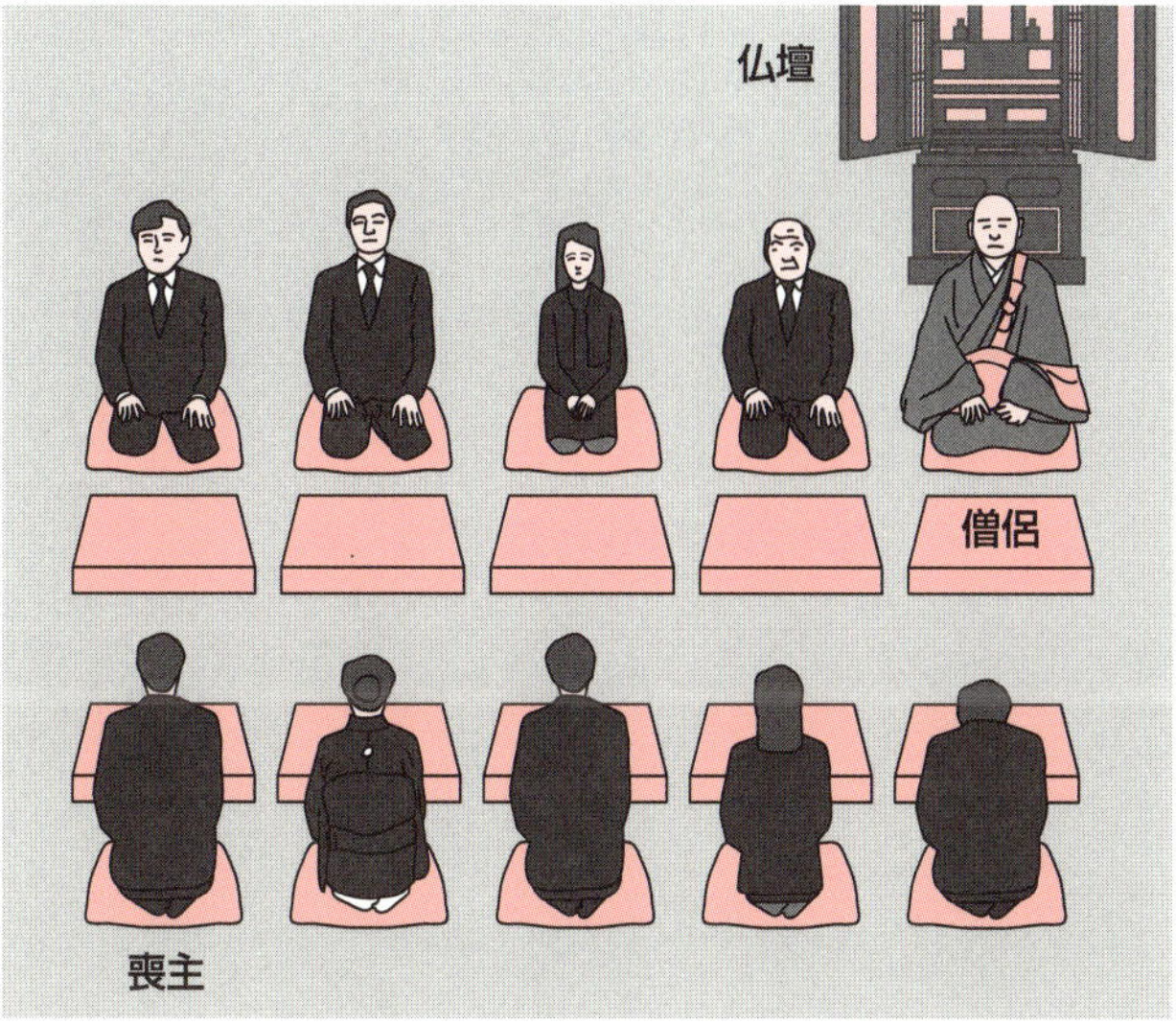

最後に精進落とし

読経が終わったら、住職をはじめ、残っていただいた会葬者に感謝の気持ちを込めて酒食の接待をします。これを「精進《しょうじん》落とし」といいます。本来は四十九日の満中陰まで肉や魚を断ち、通常の生活にもどる区切りの意味でした。席順は、住職を最上席とし、世話役や友人がつづき、親族、遺族、喪主は末席にすわります。喪主は末席から葬儀が無事終了したお礼のあいさつをします。そして遺族は各席をまわってもてなします。

お葬式のお礼は翌日出向く

枕経、通夜・葬儀から還骨まで導師をつとめていただいた住職や僧侶へのお礼は、あらためて葬儀の翌日に喪主や親族の代表がお寺に出向きます。ただし、「御車代」や「御膳料」は当日その場でお渡しします。

最近では、謝礼も葬儀が済んで僧侶が帰られる際に差し上げることが多いようですが、これは略式なので「本来ならば、お礼にうかがうべきところですが、お託《ことづ》けしてまことに失礼いたします」と一言添えましょう。

僧侶への謝礼に「読経料」「戒名料」と書くのはまちがいです。正式には奉書包《ほうしょづつみ》に「御布施」と表書きし、黒白の水引《みずひき》をかけます。半紙で中包みして不祝儀袋に入れてもかまいません。そして、小さなお盆などにのせて差し出します。このほうが、直接手渡すよりもていねいです。

謝礼の金額は、お寺で規定を設けている場合にはそれにしたがいます。「志でけっこうです」といわれ、見当がつかないときは、僧侶の人数も考慮し、檀家総代や町内会の世話役などに相談して決めます。

また、世話役やお手伝いの方々、そして近所にもあいさつにまわります。

第7章

曹洞宗の法事

❶中陰法要と年回（年忌）法要
❷法事の営み方

法事は人生の無常を知るよい機会

大切な人を亡くした遺族の悲しみやつらさは、死の直後だけではなく、ときには数年もつづくことがあります。

仏教では、四十九日《しじゅうくにち》や一周忌、三回忌などに法事（正式には法要という）を行ないます。これは遺族の悲しみを段階的にやわらげていくグリーフワークともいえます。

グリーフワークというのは、大切な人を亡くした深い悲しみをさまざまなかたちで表にあらわすことで、その事実を受け入れていく心の作業のことです。

喪失感や悲嘆を乗り越えるプロセスは人によって千差万別です。もしグリーフワークが正しく行なわれなければ、悲しみを無理に抑制することで心身症に陥る危険もあります。あるいは生きる力を失ってしまう場合さえあります。

遺族は誰もがこの喪失体験を乗り越えなければなりません。法事は人生が無常であることに気づかせてくれ、亡き人をよい思い出に変えてくれます。また、自分自身の人生の意義を自覚する、よい機会です。

ですから私たちは法事をないがしろにせずに、縁者そろっておつとめしたいものです。

七日ごとに行なう中陰法要

亡くなった日を含む四九日間を「中陰《ちゅういん》」といい、七日ごとに七回の法要を行ないます。

中陰は「中有《ちゅうう》」ともいい、死者は四九日目に死後の行き場所が決まるという、古代インドの思想を背景としたものです。ここから「四十九日の冥土《めいど》の旅」がいわれるようになり、故人が無事に成仏してくれることを祈る追善供養の意味で行なわれています。

中陰とは、遺族の心が整理されてくるのを待つ期間と考えるとよいでしょう。

十三仏は悲しみを癒す知恵

地域によっては、中陰法要や年回(年忌)法要のときに十三仏をまつる風習があります。

これは、前述の中陰中の七回の忌日と、百カ日、一周忌、三回忌に『地蔵十王経《じぞうじゅうおうきょう》』にもとづく冥土の十王が故人の罪を審判するという中国の思想が平安時代に日本に伝わって七回忌、十三回忌、三十三回忌ができました。鎌倉時代、これに仏・菩薩を配置して十三仏となりました。

中陰法要や年回法要は、大切な人を亡くし

た悲しみを癒していくためにインド・中国・日本の文化を統合した知恵なのです。

忌明け後は本位牌に替える

中陰中は白木《しらき》の位牌《いはい》と遺骨をまつった中陰壇（106頁参照）が設けられます。

中陰法要はほとんどの場合、自宅に住職を迎えて家族だけで行なわれますが、満中陰《まんちゅういん》（四十九日）には、親族や、故人ととくに親しかった友人などを招いて営みます。これで忌明けとなりますので中陰壇は片付けます。白木の位牌は菩提寺《ぼだいじ》に納め、塗りの本位牌に替えます。遺骨は納骨するまで小机に置き、遺影は仏壇の外に飾ります。また、会葬者に御礼状と香典返しを発送します。

中陰の期間が三月《みつき》にわたる場合、「四十九《しじゅうく》（始終苦）が三月（身に付く）」という語呂合わせから五七日《いつなぬか》（三五日目）で忌明けとする風習がありますが、迷信です。

百カ日は「卒哭忌《そっこうき》」ともいわれ、悲しみで泣き明かしていた遺族も少しは気持ちが落着くことを意味しています。百カ日は家族だけでつとめることが多いようです。

また、一周忌までの期間を「喪中《もちゅう》」といい、中陰後にはじめて迎えるお盆を「初盆《はつぼん》」または「新盆《にいぼん》」と呼びます。

●忌日と十王・十三仏

（死亡日を一として　*のみ例外）

忌日	十王・十三仏
初七日《しょなぬか》（七日目）	秦広王《しんこうおう》・不動明王《ふどうみょうおう》
二七日《ふたなぬか》（一四日目）	初江王《しょこうおう》・釈迦如来《しゃかにょらい》
三七日《みなぬか》（二一日目）	宋帝王《そうたいおう》・文殊菩薩《もんじゅぼさつ》
四七日《よなぬか》（二八日目）	五官王《ごかんおう》・普賢菩薩《ふげんぼさつ》
五七日《いつなぬか》（三五日目）	閻魔王《えんまおう》・地蔵菩薩《じぞうぼさつ》
六七日《むなぬか》（四二日目）	変成王《へんじょうおう》・弥勒菩薩《みろくぼさつ》
七七日《しちしちにち》（四九日目）〔満中陰＝忌明け〕	泰山王《たいせんおう》・薬師如来《やくしにょらい》
百カ日（百日目）	平等王《びょうどうおう》・観世音菩薩《かんぜおんぼさつ》
一周忌（死亡の翌年*）	都市王《としおう》・勢至菩薩《せいしぼさつ》
三回忌（二年目）	五道転輪王《ごどうてんりんおう》・阿弥陀如来《あみだにょらい》
七回忌（六年目）	阿閦如来《あしゅくにょらい》
十三回忌（一二年目）	大日如来《だいにちにょらい》
三十三回忌（三二年目）	虚空蔵菩薩《こくうぞうぼさつ》

祥月命日と月命日にはおつとめを

一般に「法事」と呼んでいるのは、年回（年忌）法要のことです。

死亡した日と同月同日の「祥月命日《しょうつきめいにち》」に合わせて年回法要を営みます。

年回法要は、亡くなって一年目が一周忌、それ以降は二年目が三回忌（亡くなった年を一と数えるため）、六年目が七回忌となります。その後は十三回忌、十七回忌、二十三回忌、二十五回忌、二十七回忌、三十三回忌、五十回忌となります。その後は五〇年ごとになりますが、一般には三十三回忌で弔い上げとします。なお地域によっては、二十五回忌を行なわなかったり、三十七回忌を行なう場合もあります。

また、月ごとの命日を「月命日《つきめいにち》」または「月忌《がっき》」といいます。とくに亡くなった翌月の命日は「初月忌《はつがっき》」と呼ばれます。

地域によっては、年回法要以外の年の祥月命日や月命日にも住職を迎えて自宅の仏壇の前でおつとめをする風習があるようです。そのときは、家族そろって住職の後ろにすわっておつとめします。

できれば、こうした日には家族そろって朝夕のおつとめをしたいものです。

●年回（年忌）法要早見表

死亡年＼法要	一周忌	三回忌	七回忌	十三回忌	十七回忌	二十五回忌	三十三回忌
1999（平成11）年	2000	2001	2005	2011	2015	2023	2031
2000（平成12）年	2001	2002	2006	2012	2016	2024	2032
2001（平成13）年	2002	2003	2007	2013	2017	2025	2033
2002（平成14）年	2003	2004	2008	2014	2018	2026	2034
2003（平成15）年	2004	2005	2009	2015	2019	2027	2035
2004（平成16）年	2005	2006	2010	2016	2020	2028	2036
2005（平成17）年	2006	2007	2011	2017	2021	2029	2037
2006（平成18）年	2007	2008	2012	2018	2022	2030	2038
2007（平成19）年	2008	2009	2013	2019	2023	2031	2039
2008（平成20）年	2009	2010	2014	2020	2024	2032	2040
2009（平成21）年	2010	2011	2015	2021	2025	2033	2041
2010（平成22）年	2011	2012	2016	2022	2026	2034	2042
2011（平成23）年	2012	2013	2017	2023	2027	2035	2043
2012（平成24）年	2013	2014	2018	2024	2028	2036	2044
2013（平成25）年	2014	2015	2019	2025	2029	2037	2045
2014（平成26）年	2015	2016	2020	2026	2030	2038	2046
2015（平成27）年	2016	2017	2021	2027	2031	2039	2047
2016（平成28）年	2017	2018	2022	2028	2032	2040	2048
2017（平成29）年	2018	2019	2023	2029	2033	2041	2049
2018（平成30）年	2019	2020	2024	2030	2034	2042	2050
2019（令和元）年	2020	2021	2025	2031	2035	2043	2051
2020（令和2）年	2021	2022	2026	2032	2036	2044	2052
2021（令和3）年	2022	2023	2027	2033	2037	2045	2053
2022（令和4）年	2023	2024	2028	2034	2038	2046	2054
2023（令和5）年	2024	2025	2029	2035	2039	2047	2055
2024（令和6）年	2025	2026	2030	2036	2040	2048	2056
2025（令和7）年	2026	2027	2031	2037	2041	2049	2057
2026（令和8）年	2027	2028	2032	2038	2042	2050	2058
2027（令和9）年	2028	2029	2033	2039	2043	2051	2059
2028（令和10）年	2029	2030	2034	2040	2044	2052	2060
2029（令和11）年	2030	2031	2035	2041	2045	2053	2061
2030（令和12）年	2031	2032	2036	2042	2046	2054	2062
2031（令和13）年	2032	2033	2037	2043	2047	2055	2063
2032（令和14）年	2033	2034	2038	2044	2048	2056	2064
2033（令和15）年	2034	2035	2039	2045	2049	2057	2065
2034（令和16）年	2035	2036	2040	2046	2050	2058	2066
2035（令和17）年	2036	2037	2041	2047	2051	2059	2067
2036（令和18）年	2037	2038	2042	2048	2052	2060	2068
2037（令和19）年	2038	2039	2043	2049	2053	2061	2069
2038（令和20）年	2039	2040	2044	2050	2054	2062	2070
2039（令和21）年	2040	2041	2045	2051	2055	2063	2071

併修は、やむをえず行なうもの

一般的に、一周忌と三回忌は親族や故人の友人を招いて盛大に営まれます。それ以降の年回法要は家族だけで行なうことが多いようです。

年回法要は故人一人ずつについて行ないたいものですが、一年経つか経たないうちに年回法要の忌日がつづくことがあります。

たとえば、父親の十三回忌と祖父の二十五回忌が同じ年になったという場合です。このときは法要を合わせて行なうことがあり、これを「併修《へいしゅう》」または「合斎《がっさい》」といいます。

ただし、併修をできるといっても、故人が夫婦や親子であるという近い関係で、しかも七回忌を過ぎていることが条件になります。また、中陰法要と年回法要を併修することはしません。併修をする場合は、菩提寺の住職にあらかじめ相談しましょう。

法要の日取りは、早いほうの祥月命日に合わせることが多いようです。それは、仏事をないがしろにしないように、という戒めからいわれてきたことです。

また、併修を行なってもそれぞれの祥月命日には、住職を迎えてお経をあげていただきたいものです。

法事の青写真を描き、菩提寺に相談

法事（年回法要）を行なうときにもっとも重要なのは日取りと場所です。僧侶や招待客の都合もありますので、できれば半年前、遅くとも三カ月前には準備をはじめましょう。

祥月命日に行なうのがいちばんですが、招待客の都合を考えて週末に法要を行なうことが多くなりました。日にちをずらす場合は、祥月命日より遅らせないようにします。

そして、檀家《だんか》の多いお寺では法事が休日に集中するので、まず菩提寺に希望する日時の連絡をします。もしも年回忌の時期がわからなくなってしまったときは、菩提寺にある過去帳を調べてもらいます。

場所は、自宅かお寺、あるいは斎場が考えられます。招待客の人数やお寺の事情、地域の風習などによって異なります。また、当日お墓参りを行なうか、お斎《とき》をどのようにするかなど、全体の青写真を描いてみます。

日時や場所などが正式決定したら、招待客へ案内状を出します。

お斎の料理、引き出物などの準備がありますから早めに送付します。また、返信用のハガキを同封するなどして出欠の確認をとれるようにするとよいでしょう。

ふだんより豪華な仏壇の荘厳にする

法事のときには、故人の位牌を上段に安置し、仏壇の荘厳《しょうごん》をふだんより豪華にします（52・53頁参照）。

平常は三具足《みつぐそく》のところを、できれば五具足《ごぐそく》にして、高坏《たかつき》に菓子や果物《くだもの》などを盛り、精進料理を盛り付けた霊供膳《れいぐぜん》をそなえます。霊供膳は正式には、本尊と精霊《しょうりょう》（故人）のために二膳用意します。参会者からいただいた供物などは仏壇の脇に台を設けて置くようにするとよいでしょう。

過去帳があれば、故人の戒名《かいみょう》が記されている頁を開いておきます。

自宅で法事を行なう場合には、法事用の祭壇を別につくります。また、回し焼香にすることが多いようです。お盆の上に、火だねと抹香を入れた角香炉《かくこうろ》を用意します。焼香の作法は葬儀のときと同様です（100頁参照）。不明な点は住職にたずねます。

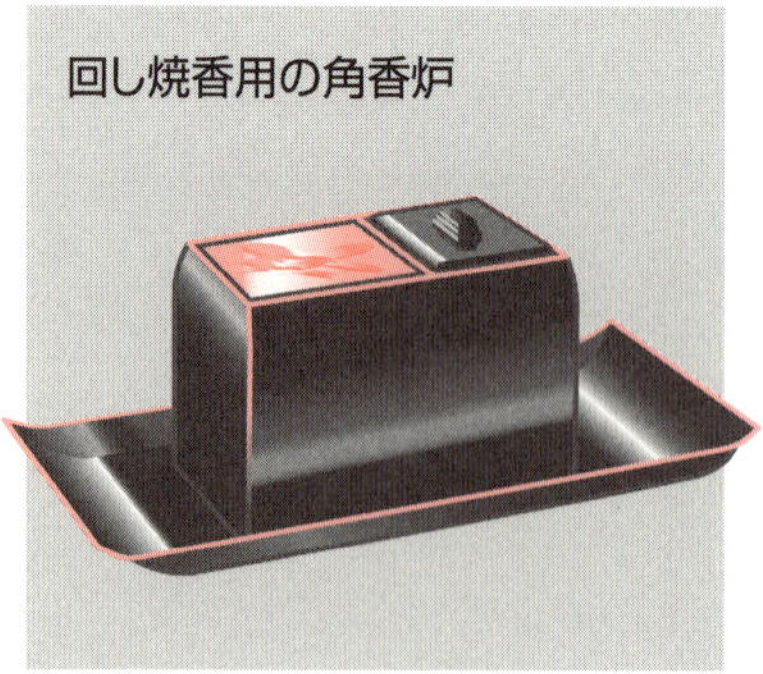

●法事の進行例

1. **僧侶の出迎え**……施主が控えの部屋に案内する ▼
2. **参会者着座**……施主、血縁の深い順にすわる ▼
3. **施主の開式のあいさつ** ▼
4. **僧侶（導師）着座** ▼
5. **読　経**……導師に合わせて唱和する ▼
6. **焼　香**……施主、血縁の深い順に焼香する ▼
7. **施主の閉式のあいさつ**…その後の予定を説明する ▼
8. **お墓参り** ▼
9. **お斎**…施主は下座からあいさつする。引き出物を渡す ▼

法事に招かれたら まず本尊に合掌礼拝

法事に招かれた方は数珠《じゅず》を持参し、到着したらまず仏壇に手を合わせます。法事は日ごろ疎遠になりがちな親族が顔を合わせるよい機会ですが、仏事のために参集したことを忘れてはいけません。

香をたいて本尊に合掌礼拝《らいはい》し、持参した供《く》物料《もつりょう》を仏壇にそなえます。このとき、リンを鳴らすのはまちがいです。リンは読経のときだけに鳴らすものと心得ておきたいものです。

供物料の表書きは「御仏前《ごぶつぜん》」とします。

お墓参りと塔婆供養

法事が終わったら、お墓参りをします。このとき、故人への供養として板塔婆《いたとうば》をそなえます（126頁参照）。板塔婆は事前に施主が菩提寺に依頼しておきます。塔婆料は、お寺によって決まっているので、たずねてかまいません。何本もお願いするときは、供養者の名前を紙に書いて届けるようにしましょう。

塔婆供養をしたい参会者は、法事の案内状の返信時にその旨を伝え、当日、供物料とは別に「御塔婆料」として施主に渡します。

引き出物と僧侶への謝礼

施主にとって、お斎の料理や引き出物はとても気をつかうものですが、それればかりに気をとられないようにしたいものです。

引き出物の表書きは「粗供養《そくよう》」あるいは「志」とし、お斎の終了間際に参会者に渡します。そして、末席からあいさつします。

僧侶への謝礼は「御布施」とし、お見送りする際に「御車代」とともに渡します。また、僧侶がお斎に列席されないときには折詰を差し上げるか、「御膳料」を包みます。

第8章

曹洞宗のお墓

お墓は故人や先祖を供養する聖地

お墓は遺体や遺骨を埋葬した目じるしであり、故人や先祖を供養する聖地として大切にされてきました。

お墓の原形は塔です。

茶毘《だび》にふされたお釈迦さまの遺骨を「仏舎利《ぶっしゃり》」といいますが、八つに分骨されました。お釈迦さまを慕う人々がそれぞれの国に持ち帰り、仏舎利塔を建ててまつったのです。そこからまた、さらに分骨されて数多くの仏舎利塔が建てられました。そして、そのまわりに礼拝《らいはい》施設や僧房ができて寺院となりました。

お経にはしばしば塔を建てることの功徳《くどく》が強調されています。

また一節に、道元は宋《そう》から帰って、生誕地に母の追善供養のために石造の宝篋印塔《ほうきょういんとう》を建てたといわれています。そして、その塔こそ、わが国最古の宝篋印塔として国の重要文化財に指定されている「鶴の塔」であるといわれています。宝篋印塔はもとは『宝篋印陀羅尼《ほうきょういんだらに》』というお経を納める塔でしたが、貴族のお墓として用いられるようになりました。

つまり、お墓とは、故人や先祖のおかげで私たちがいまあることに感謝するための場所なのです。

墓地を買うときは宗派を確認

墓地を購入するというのは、土地を買うことではなく、墓地の永代使用権料をまとめて支払うことです。この権利は、直系の子孫が代々受け継ぐことができます。

さて、墓地を購入する際に気をつけたいことがあります。それは宗派についてです。

墓地は、運営母体によって、寺院墓地、公営墓地、民間墓地に分かれます。

都道府県、市町村などの自治体が運営している公営墓地や、郊外に大規模な霊園をつくって運営している民間墓地では、宗派を問わないところがほとんどです。

しかし、寺院墓地を求める場合には、そのお寺の檀家《だんか》になることが条件になります。当然、仏事はすべてそのお寺の宗派の作法で行なわれることになります。あとでトラブルになることのないようかならず宗派を確認し、納得して契約するべきです。

曹洞宗のお墓は悟りの境地を示す

現在もっとも多いのは、一家で一つのお墓を代々受け継いでいく家墓《いえばか》（家族墓）です。

曹洞宗では、墓石の正面に「南無釈迦牟尼仏《なむしゃかむにぶつ》」(お釈迦さまをよりどころとします)という経文か、「〇〇家之墓」の文字とその上に「円相《えんそう》」と呼ばれる円(〇)を刻みます。家名や家紋を入れるならば、台石や左右の花立てに刻むようにします。

そして、戒名《かいみょう》や死亡年月日などは墓石の側面などに刻みますが、埋葬者が多くなると刻みきれないので別に墓誌を建てます。

また、五〇回忌を終えた代々の先祖を合祀《ごうし》するために五輪塔を建てることもあります。

円相や五輪塔に刻まれる梵字《ぼんじ》(古代インドのサンスクリット語)は、禅の悟りの境地である〝空《くう》〟をあらわしています。

つまり、命は自然に帰るという真理です。ですから曹洞宗では、再婚の場合や姓がちがう家族を同じお墓に合祀してもかまいません。

●曹洞宗のお墓

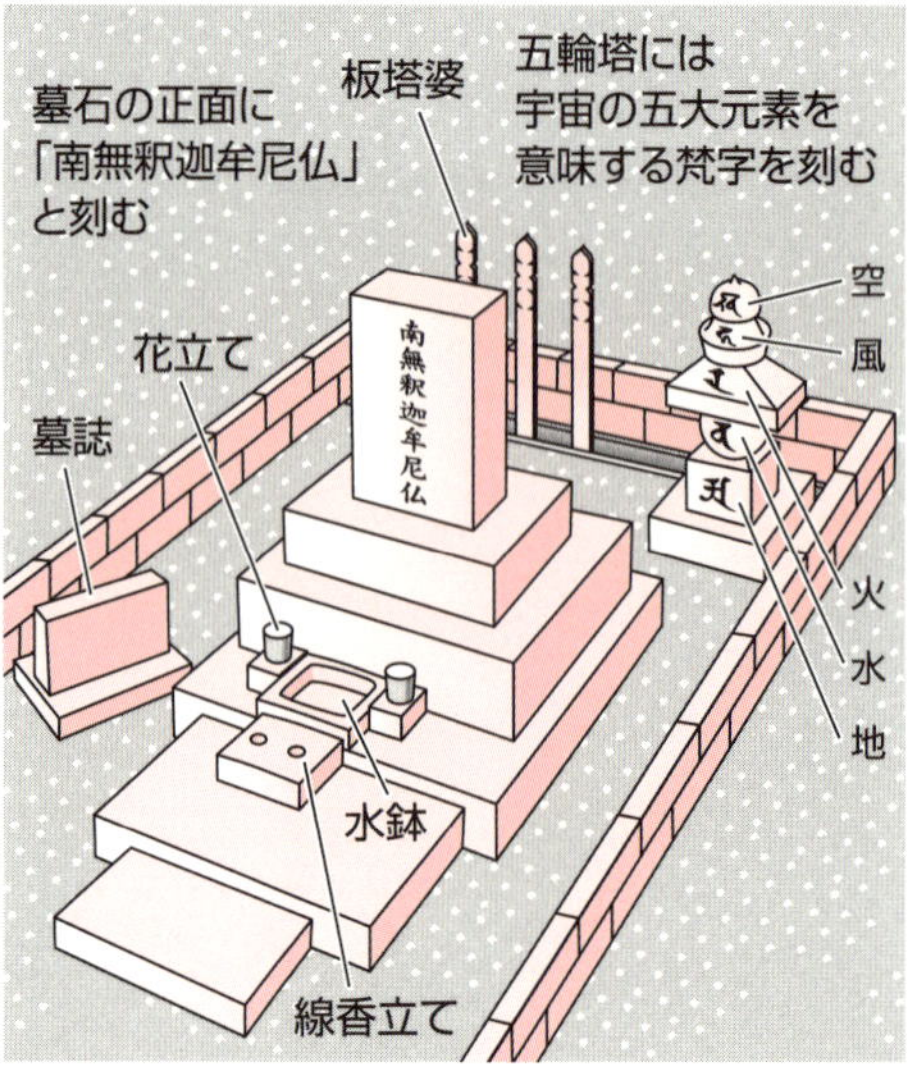

お墓を建てたら開眼法要を行なう

新しくお墓を建てるときは、一周忌や三回忌などに合わせることが多いようです。お墓が完成したら住職に来ていただいて、開眼《かいげん》法要を行ないます。

また、お墓を移すことを「改葬」といいますが、もとのお墓で御霊《みたま》抜きの法要を行ない、遺骨を掘り出し、新しいお墓に入れるときに開眼法要を行ないます。

改葬するときは、もとのお墓の管理者から「埋葬証明書」を、新しいお墓の管理者から「受入証明書」をもらい、この二つの証明書をもとのお墓の所在地の役場に提出して「改葬許可証」の交付を受ける必要があります。

もとのお墓が寺院墓地にあった場合は、御霊抜きの法要に対する布施と、墓地の整理費用を分けて支払います。布施は、これまでの先祖供養に対するお礼の意味もありますから、できるだけのことをしたいものです。

納骨の時期はさまざま

遺骨をお墓に納めることを「納骨」といいます。納骨の時期は、家庭の事情や土地の風習などによってさまざまです。

すでにお墓があれば、四十九日《しじゅうくにち》の満中陰《まんちゅういん》に納骨することが多いようですが、火葬後すぐに納骨する地域も少なくありません。

納骨の際には納骨法要を営みます。

また最近では、お墓の代わりに、仏壇の下に遺骨を納めるロッカー形式になった納骨堂もあります。子供がない場合など、生前に自然葬や永代供養を申し込む方も増えています。

塔婆供養をして冥福を祈る

仏舎利塔は、古代インドのサンスクリット語で「ストゥーパ」といいます。これを漢語に音写したのが「卒塔婆《そとうば》」です。

納骨法要や法事では追善供養の意味で、塔の形を平面化して細長い板の形にした板塔婆に故人の戒名などを書いて、墓石の後ろに立てます。これを「塔婆供養」といいます。

板塔婆の上部の切り込みは五輪塔と同じ五輪をあらわしています。したがって塔婆供養は仏舎利塔を建てることと同じ意味なのです。

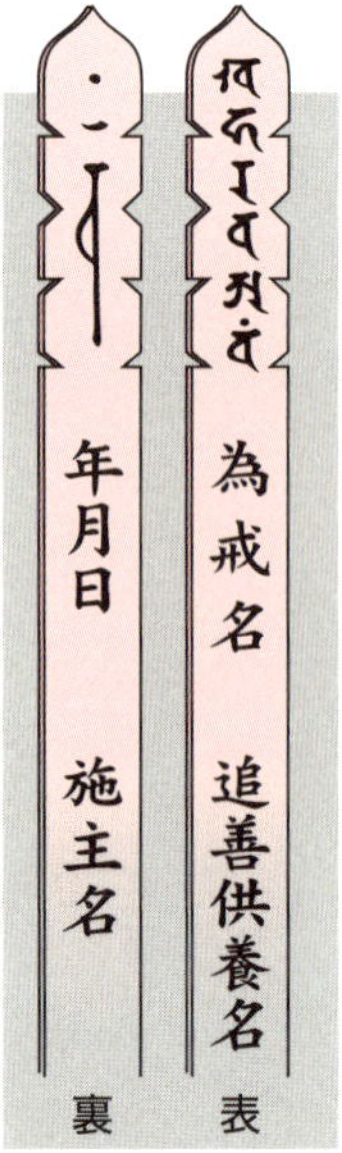

お墓参りに行ったら本堂にもお参りする

多くの方が毎年のお盆やお彼岸《ひがん》、そして法事の際などにお墓参りをします。

菩提寺の近くにお墓があるならば、まず本堂にお参りすることを忘れてはいけません。お盆やお彼岸の時期には法座が開かれていることが多いので、ぜひ参列して、他の檀家の方とともに読経し、法話に耳を傾けるとよいでしょう。

また、お墓の管理事務所にもきちんとあいさつをします。

はじめに掃除をし、供物は持ち帰る

お墓参りに行くときは、線香やろうそく、生花、供物《くもつ》など、それから数珠《じゅず》もかならず持参します。

毎月のようにお参りをしているなら、当日、雑草を抜いて、墓石を洗うくらいでよいのですが、そうでない場合は事前に掃除をしておきます。掃除用具は持参するか、管理事務所で借りられるところもあります。

お墓の周囲をきれいにしたら生花を立て、水鉢にも水を満たします。お菓子や果物《くだもの》などの供物は二つ折りにした半紙を敷いてそなえます。そして一人ひとり、線香をそなえ、数珠を持って合掌します。できれば読経したいところですが、「南無帰依仏《なむきえぶつ》、南無帰依法《なむきえほう》、南無帰依僧《なむきえそう》」ととなえるだけでいいでしょう。

お参りが済んだら火の始末をして、生花以外の供物はすべて持ち帰ります。供物をそのままにすると腐ったり、カラスなどが食い荒らして周辺を汚すことになるからです。

お墓参りの習慣をつける

最近では、お彼岸が連休になっていることもあり、家族そろって郊外の霊園にお墓参りに行くついでにレジャーを楽しむということも多いようです。

せっかくの機会ですので、子供や孫たちに作法を教え、お墓参りの習慣を伝えていってもらいたいものです。

故人の命日にはもちろん、思い立ったときに先祖のお墓の前で、静かに自分の心と対話するのはとてもよいことです。

第9章

心が豊かになる禅の名言

仏《ぶつ》仏《ぶつ》祖《そ》祖《そ》、皆もとは凡夫《ぼんぶ》なり

『正法眼蔵随聞記《しょうぼうげんぞうずいもんき》』

●日常生活そのものが禅修行

道元の一番弟子の懐奘《えじょう》が聞いた言葉です。

「悟りを得た高僧たちもみな、はじめはごくふつうの人だったのです。特別な人だけが悟りを得られるのではなく、正しく仏道を歩みつづければ、誰でも仏に成れるのです」

そして、「悟りを目的として坐禅修行をするのではなく、ただひたすら坐禅に打ち込む姿そのものが悟りである」と教えています。

道元のこの教えのなかでもっとも大切なのは、〝ただひたすら一心に打ち込む〟ということです。坐禅だけではありません。日常生活すべてにおいて一心に打ち込んでいる、あなたこそが、仏の姿なのです。

人の心、元より善悪なし。善悪は縁《えん》に随《したが》っておこる

『正法眼蔵随聞記《しょうぼうげんぞうずいもんき》』

●偏見の目で見ない

「生まれながらの善人、悪人はいない。状況や立場という機縁によって人は善人あるいは悪人になるのである」

道元の一番弟子の懐奘《えじょう》が聞いた言葉です。

道元はかつて「人間にはもともと仏性《ぶっしょう》（仏としての本性）がそなわっているというのに、なぜ修行をするのか」と悩みました。

その答えがこれです。

自分はどのようなことがあっても悪事などはたらかない、そう思っている方も多いでしょう。しかし、私たちは誰もが環境によって悪人にもなりうるのです。それを自覚して生きることが大切だと、道元は教えています。

いまの一当《いっとう》は、
むかしの百不当《ひゃくふとう》の
ちからなり、
百不当の一老《いちろう》なり

『正法眼蔵《しょうぼうげんぞう》』

●「失敗」という宝があなたを大きくする

弓道で、矢が的にみごと命中すれば、人は賛辞を送りますが、道元はいいます。

「いま命中したのは、百不当――すなわち、これまで何本も矢を放ち、失敗を重ねながら積んできた修練があったからこそである。本当の価値はそこにある」

ここには〝失敗は宝である〟という道元のやさしさが垣間見えます。「これだけ頑張ったのにダメだった」――そんなときに道元のこの言葉を思い出してください。失敗こそ、あなたを大きく、豊かにしてくれるのです。

努力していれば、いま命中しなくとも、次の矢で成功するかもしれないのです。

道は山の如《ごと》く、
登ればますます高し。
徳は海の如し、
入ればますます深し

『伝光録《でんこうろく》』

●報われない努力はありません

「悟りへの道は山のようなものだ。登っても登っても、さらに高い山があらわれる。仏さまの恵みは海のようだ。もう底かと思っても、さらに深くその先がある」

悟りの世界も、仏さまの恵みも、それほどまでに深淵であり、きわめるのはどれほど大変なことかと思われます。しかし、瑩山《けいざん》のこの言葉には、きわめればきわめるほど面白くなるという雰囲気が感じられます。

何かを成し遂げようとするとき、一朝一夕にできないことは誰もが知っています。それでも努力精進をつづければ、かならずよい結果が待っています。

日々是好日《にちにちこれこうにち》
雲門《うんもん》

●今日を積極的に生きる

中国唐《とう》時代の禅僧、雲門の言葉で、「毎日が素晴らしいかけがえのない日々である」という意味です。

ここで心に留めておきたいのは、「好日」という言葉です。ただ「素晴らしい日」というだけでなく、「充実した日」という意味があります。ですから、「その日その日の行ないに後悔をともなわないように生きなさい」という緊張感のある言葉なのです。

私たちは、どれほどつらく苦しい日であっても、それを乗り越えなければなりません。今日をよい日にするためには、いまできることをやるしかないのです。

災難に逢《あ》う時節には
災難に逢うがよく候《そうろう》。
死ぬ時節には死ぬがよく候

良寛《りょうかん》

●現実を素直に受け入れる勇気

これは、新潟大地震（一八二八年）に見舞われた良寛の安否を気づかう知人からの手紙に対する返事です。

良寛は、「自然体こそ、災難を逃れるよい方法である」といっています。

人は誰でも、災難から逃れようともがき、死の恐怖から逃れようと抵抗します。しかし、もがけばもがくほど、恐怖心は増してきます。だから良寛は、「自然にしたがい、何事も逆らわずに受け入れることで、心のやすらぎを得ましょう」と教えているのです。

現実を素直に受け入れて生きる勇気があるからこそ、いえる言葉です。

形見とて　何か残さん
春は花　夏ほととぎす
秋はもみじ葉

良寛《りょうかん》

●死とは、いただいた命をお返しすること

「春に咲く花々、夏に鳴くほととぎす、秋の紅葉《もみじ》。この美しい自然を、私の形見として残しましょう」

良寛の辞世の句とされています。生あるものはすべて自然へと帰っていく、自然にまかせきる、ということを表現しています。

自然からいただいた命であるから、お返しするという気持ちなのでしょう。

良寛はこの歌を詠《よ》み、最後に「死にとうない」という言葉を残して逝《い》ったそうです。

自然にまかせきるといいながらも、最期に本音をのぞかせるあたりが、〝良寛さん〟と親しまれるゆえんなのでしょう。

婆《ばば》死ぬ、嬶《かか》死ぬ、
倅《せがれ》死ぬ、孫《まご》死ぬ

物外《もつがい》

●後悔しないように生きる

物外《もつがい》は江戸末期の禅僧です。ある大名から、お正月用にめでたい掛軸を書いてほしいと頼まれたときの言葉です。

「死ぬ」という言葉ばかりが並んでいて、どこがめでたいのかと思われるでしょう。

しかし、ちょっと考えてみてください。

答えは「順序」にあります。家族が年寄りから順序よく亡くなることがいちばんめでたいことである、ということです。

人はかならず死を迎えます。ですから「死を不幸ととらえずに、一人ひとりが毎日を後悔しないように暮らしなさい」と、物外はいっているのです。

欲無《な》ければ、一切足《いっさいた》る。
求むる有《あ》れば、万事《ばんじ》に窮《きゅう》す

良寛《りょうかん》

●"欲"と上手につきあいましょう

「最初から欲を持たなければ、何も困ることはありません。求めるから、得られないことに困り果ててしまうのです」

生涯、大寺の住職とはならず、清貧を貫いた僧として知られる良寛らしい言葉です。

良寛はこういいますが、私たち人間は欲を断ち切ることはできません。ですから、欲をちょっとだけ少なくしてみるのです。

「少欲知足《しょうよくちそく》」です。

そうすると、何に対しても感謝の気持ちが生まれ、気持ちよく生きられます。

あなたの生活を振り返ってみてください。欲にもてあそばれていませんか。

ただまさに、
やわらかなる容顔《ようがん》をもて、
一切《いっさい》にむかうべし

『正法眼蔵《しょうぼうげんぞう》』

●他人への配慮が、いい人間関係をつくる

「いかなる場合であっても、人にやさしく接しなさい」

道元はここに、「利他の心」を述べています。単純に「自分の利益より、他人の利益を優先すること」ではありません。仏教でいう利他とは、他人を幸せにすることは自分自身を幸せにすることなのです。

道元は、幸せに生きるために、「布施＝自らの持てるものを惜しまず施す」「愛語＝やさしい言葉をかける」「利行《りぎょう》＝他人のために尽力する」「同事＝自他の区別をしない」――この四つを挙げています。

人間関係の基本です。

小利をすてて大利にいたれ

『盲安杖《もうあんじょう》』

●「世のため人のため」という心が大切

『盲安杖』は、仁王禅で知られる江戸初期の禅僧、鈴木正三《しょうさん》の著書です。

「小利」とは、利己的な小さな利益のこと、「大利」とは、世のため人のためになるような大きな利益のことです。しかし、「小金稼ぎはやめて、大儲《おおもう》けを狙いなさい」といっているのではありません。

日々の生活に汲々《きゅうきゅう》としている私たちは、目先の利益を貪《むさぼ》ってばかりです。なかには、小さな利欲に目がくらんで、悪事に手を染めたり、争いを起こしてしまう人もいます。

正三は、「世の人々を救うほどの大利に至る心で生きなさい」といっているのです。

和《わ》泥《でい》合《がっ》水《すい》

『碧巌録《へきがんろく》』

●人を救うのは大変なこと

『碧巌録』は、禅問答をまとめた中国の書物です。この言葉は、「泥《どろ》に和《わ》し水に合《ごう》す」と読み下します。「迷っている人々を救おうとするなら、自分が水に濡《ぬ》れ、泥にまみれる覚悟が必要だ」という意味です。

私たちは、人が困っていたり、苦しんでいたらなんとか助けてあげたいと思います。実際に手をさしのべてあげることも多いでしょう。しかし、自分を犠牲にしてまで助けてあげられるでしょうか。「ここまでなら助けられるけれど、これ以上は無理」——そんな線引きを頭の片隅でしている自分を見透かされているような言葉です。

我を生む者は父母、
我を成す者は朋友《ほうゆう》

百丈《ひゃくじょう》

●ライバルがいるから頑張れる

中国唐《とう》時代、禅院の生活規則をはじめて定めた名僧として知られる百丈の言葉です。

「私を生んでくれたのは両親にちがいないが、私を一人前の禅僧に育ててくれたのは、両親ではなく友人だった」といっています。

ここでいう朋友とは、仏道修行に切磋琢磨《せっさたくま》する仲間、いわゆるライバルのことです。

ライバルのかたちはさまざまです。お互いに成果を喜び合い、失敗を励まし合えればよいのですが、ときには足を引っ張り合うライバル関係もあります。百丈は、どのようなライバルであっても自分を向上させてくれる、という強い信念を持っていたのです。

参考文献
（順不同）

『参禅要典』 曹洞宗宗務庁
『仏教概論　わかりやすい仏教』 曹洞宗宗務庁
『曹洞宗檀信徒読本』 霊元丈法著　三成書房
『曹洞宗の常識』 中野東禅著　朱鷺書房
『わが家の宗教　曹洞宗』 東隆真著　大法輪閣
『うちのお寺は曹洞宗』 藤井正雄総監修　双葉社
『曹洞宗のしきたりと心得』 全国曹洞宗青年会監修　池田書店
『普及版　よくわかる仏事の本　曹洞宗』 桜井秀雄監修　世界文化社
『仏事の基礎知識』 藤井正雄著　講談社
『葬儀・戒名――ここが知りたい』 大法輪閣
『仏教名言辞典』 奈良康明編著　東京書籍

◆監修者プロフィール

中野東禅（なかの・とうぜん）

1939（昭和14）年、静岡県出身。駒沢大学仏教学部禅学科卒。同大学大学院修士課程修了。曹洞宗総合研究センター教化研修部門講師、武蔵野大学講師。京都市・竜宝寺住職。著書に、『あなただけの修証義』（小学館）、『図解雑学・道元』（ナツメ社）、『傍訳・正法眼蔵随聞記』（四季社）、『人生の問題がすっと解決する名僧の一言』『心が大きくなる坐禅のすすめ』（以上、三笠書房）、『凡人のための禅語入門』（幻冬舎）など多数がある。

日本人として心が豊かになる
仏事とおつとめ　曹洞宗

発行日　2007年11月15日　初版第1刷
　　　　2023年 8 月16日　　第5刷

監　修　中野東禅
編　著　株式会社 青志社
装　幀　桜井勝志（有限会社アミークス）
発行人　阿蘇品 蔵
発行所　株式会社 青志社
〒107-0052　東京都港区赤坂5-5-9　赤坂スバルビル602
Tel（編集・営業）　03-5574-8511
Fax　03-5574-8512
印刷・製本　中央精版印刷株式会社

ISBN978-4-903853-15-4　C2015